必要な備えは人それぞれ!

地震 わが家のお助けノート

書き込み式

地震・水害・土砂災害…から、いのちを守る

市民防災ラボ代表 玉木 貴

青春出版社

はじめに

市民防災ラボ代表　玉木 貴

東日本大震災を機に、わが家の防災対策を見直す、または始める方も多いと思います。ですが「正直、何から始めていいかわからない……」とお嘆きの方もまた多いでしょう。家庭の防災対策に限って、本当に必要なのは、防災知識を膨大に身に付けることではなく、わが家に合った対策を見つけられるエッセンスかもしれません。

そこで「一冊読んで書き込めば、わが家に合った対策が見えてくる防災ノート」を作ってみました。災害のメカニズムや、災害発生時の対処、被災生活から生活再建で直面するトラブルなどは、過去に作った4冊の本に譲るとして、本書は、わが家仕様の対策を始めるための基本から、非常持ち出しや家の対策、情報収集や安否連絡方法を把握までの、災害前に行いたい対策のための原則・ポイントを中心に扱っています。

このたびは、番組出演させていただいたケーブルテレビネットワーク局「ＪＣＮ」さん、また各コミュニティ放送局のご協力で、読者の地域にあった災害情報、また被災地での生の声や教訓をご紹介できるようになりました。そして、読者や放送局の皆様のご協力により、この本の出版印税の一部を、東日本大震災義援金として役立たせていただきます。

本書によって、平時は、わが家に合った備えを行う助けに。災害時には、非常持出袋から取り出して、困った場面での苦労や後悔を少しでも減らす助けになれば幸いです。

地震、台風、水害、土砂くずれ……
自然災害のこんな事実を知っていますか？

四季折々の豊かな自然に恵まれた日本。しかし、自然の恵みと危険は表裏一体でもあります。たとえば、いやしの源の温泉は火山の副産物ですが、山々の地殻活動は地震へと繋がります。また、実りの秋のためには雨が必要ですが、梅雨から秋は水害や土砂災害の発生シーズンでもあります。

災害国日本に暮らすマナーの意外な現実

防災対策も、わが家のもしもに備えるひとつに過ぎません。でも「災害国、日本に暮らすマナー」として特に大事な分野なので、これを機会に対策を始める、見直すのはいかがでしょう。これから災害時に起こる意外な事実を紹介しますが、皆さんはどれほどご存じですか。

日本で毎年繰り返し被災者を生むのは風水害

地震はインパクトがありますが、毎年繰り返し被災者を生むのは水害や土砂災害です。国土交通省の集計では、過去10年に全国97%の自治体で起きています。下水や排水菅が大雨を処理できずに起こる都市型水害にも要注意です。

家が水に30cm浸かっただけで、閉じ込められることも

国土交通省河川局によるガイドラインでは、26cmの浸水でドアが水圧で開かなくなります。実験で体験すると、男性の力でも開けたまま保持するのは困難なほど。水害では、想像以上に早く閉じ込められる危険があります。

世界の大地震の2割は日本発 震度1以上の地震は年間2000回弱も

日本は世界有数の地震国でもあります。内閣府の平成22年版防災白書によると、世界で起きるマグニチュード6以上の地震の約2割は日本で起きており、震度1以上の地震は、毎年約2000回弱発生しています。

「地震だ、火を消せ」は昔の教訓 今は「地震だ、身を守れ」

「地震だ、火を消せ！」は大正時代の関東大震災からの教訓。いまはガスのマイコンメーターや調理・暖房器具の安全装置で揺れがおさまった後でも対応できます。あわてると鍋や湯でやけどを負う可能性も。キッチンの側にいるとき以外、まずは身の安全を最優先に。

災害発生時は遠くの救助隊より身近な人の力が大切

大規模災害では、頼りになる消防や自衛隊の対応にも限界が。神戸市消防局の調査では、阪神・淡路大震災で公的機関に救助されたのは、全体のわずか約2％。約73％は家族や近所の人に助け出されています。

実際に被災・避難すると こんなことが起こります

災害時には、避難の呼びかけに合わせて行動すれば大丈夫。基本的にはそれが正解です。でも、避難のお知らせを待っているだけでは、手遅れになることもあります。

水害や津波の場合、役所から離れた場所での状況把握は遅れやすく、すでに人々が被災してから、自治体から避難情報が出されることも。ですから、お年寄りや子供がいる家庭は、指示を待たずに自主避難を。遅くとも「避難準備情報」の頃から行動が必須です。

また、商業施設などで地震にあった時も、避難誘導は揺れが収まってから。店員は防災のプロではないので、地震発生時の身の安全確保を指示する所までは手が回らないのが現実の姿です。身の安全を確保するには自主的判断、臨機応変な行動も欠かせません。

次に実際に避難時によくあるケースを紹介します。わが家の場合をシミュレーションをして、いざというときに備えましょう。

実際の避難は
防災訓練のようにはいきません

避難誘導係のスタッフもまた被災者です。地域にいても商業施設でも、実際の災害では、防災訓練のように誘導役の人に付いて整然と避難できる状況にはなかなかなりません。各自の判断で安全なルートを考えつつ避難するのが現実です。

家族がバラバラのまま
なかなか再会できない

地域ごとに、避難場所や避難の順序が決まっていますが、家族みんなが知らないと混乱の元です。「近くの○○でしょ？」と、家族が別々の場所に行ってしまい、ケータイもメールも通じない中、互いを探し回るのは不安でなりません。

避難所で配られる食糧は
思った以上に少ない

「避難所に行けば何とかなる」と思いがちですが、公的備蓄は、予想される避難所入所者の３日分程度が一般的です。市民みんなが頼ってしまうと、１人あたり１食にもならない地域がほとんど。自前で備えないと、思わぬ苦労を抱えます。

家族構成によっては
避難所生活が困難な場合も

乳幼児やペット、要介護者や障がい者など、災害時に、一般健常者以上に制約を抱える家族は実に様々。そのすべてに行政が対応するのはかなり困難なのが被災地の現実です。ペットも、条件付きで居場所の提供はしますが、種類も多様なので、世話は飼い主責任となります。

書き込み式ノートの使い方とは？　本書のポイント

何からやればいいかわからない人も すぐに始められる！

関東・関西での自治体アンケートでは、対策をしていない理由のトップは「何をやったらいいのかわからない…」という結果に。本書では、地震に備える第一歩として、自分の住んでいる地域の環境や家族の生活スタイルの再確認を提案。誰でも取り組め、本に沿って読み進めるほどに安全が手に入ります。

「書き込み式」で、「あなただけ」の 防災対策シートが作れる

各章・各項目には書き込みシートがついています。わが家の状況を一つひとつ確認しながら、空欄を埋めていきましょう。書き込むことで、「気がつかなかった！」ことがわかるだけでなく、防災知識も覚えやすくなります。全部書き込むと、あなたの家オリジナルの防災対策ノートが完成！

情報の整理、防災グッズの 準備、最低限の家対策… やることは3つだけ！

地震が心配！　でも、あれこれあわてず、わが家に本当にあった備えを見いだすのが、本書が目指す防災スタイル。1．情報を整理する→2．整理した情報をもとに、必要な分だけ防災グッズを揃える→3．万が一に備えた最小限の家の地震対策をする…この3ステップだけでいいのです。

さらに巻末には……
［非常持出袋用］
わが家のお助けシート
がついています！

家族の勤務先や通学先の電話番号など、避難する際に必ず必要な情報は「［非常持出袋用］わが家のお助けシート」にも書き込んで一つにまとめられるようにしました。切り取って非常持出袋に入れておくほかコピーして家族全員に配り、それぞれ持ち歩いておくといいでしょう。

目次

第2章

「もしも…」に備える防災グッズを準備する 47

第3章 家の防災対策、これだけはやらねばならない

第1章

わが家、わが街に合った対策を知る

ひとえに「防災対策」といっても、住んでいる地域や家族構成によって異なります。まずは、わが家の周辺環境など、身近な情報整理から始めましょう。

マニュアル通りの備えではかえって危険！

―防災は地球環境＋家庭環境で十人十色―

「防災対策は必要、でも何から始めていいかわからない」

過去の自治体意識調査でも、対策ができていない理由のトップを占めるほど、同じ悩みを抱える人が多くおられます。

確かに防災対策は、家の対策から非常持出品、発災時の対応、果ては生活復旧や経済的な生活再建に至る様々な分野に及ぶため、考え始めると悩むのも無理はありません。

そんな方に向けて、講演会や各メディアを通して提案してきた防災の基本原則、それは、

「わが家に合った防災は、地域環境と家庭環境で十人十色」というものです。

では、具体的にどうするのか、それをこの章で解説してゆきます。

地域環境で十人十色

お住まいの地域で起きやすい災害（地理的危険）は、読者各自の地域で十人十色です。「防災＝地震」とは必ずしも言えません。現に、筆者自身も、大学進学で神奈川県から静岡県に引っ越して、そこで被災したのは、東海地震ではなく水害でした。当時いたのは、百数十年に一度の東海地震よりも、十数年に一度の水害の方が危険な地域だったのです。まずは、お住まいの地域の地理的危険を知る。それが、防災対策のはじめの一歩です。

地域環境といえば、もう一つ、地元の公助力があります。つまり「災害時に地元自治体がどれだけ頼りになるのか」という点です。非常食はじめ公的支援が、あまり頼りにならない地域なら、わが家がより多く備える自助努力をする必要があります。

家庭環境で十人十色

同じ地域に暮らし、地理的危険が同じでも、家庭の形は様々です。家族構成やライフスタイルによって、災害時に特に困る分野も十人十色で変わってきます。

まとめると、地域環境を振り返ると防災対策の種類や量が、家庭環境を振り返ると特に備えるべき分野が見えてくるのです。次ページ以降、実際の方法を紹介します。

＊防災対策の基本は「地域環境」と「家庭環境」から考えます＊

地域環境 はここをチェック

- □地元で予想される災害を把握する　→ **P.17へ**
- □地元で過去に起きた災害を把握する　→ **P.21へ**
- □地元の昔の姿を把握する　→ **P.21へ**
- □地元の公助力を把握する　→ **P.23へ**
- □避難場所の安全を把握する　→ **P.25へ**

家庭環境 はここをチェック

- □家族ひとりひとりのライフスタイル　→ **P.30へ**
- □災害で制約を抱える家族　→ **P.33へ**
- □医療を受ける際の必要情報　→ **P.34へ**
- □引き取りが必要な家族　→ **P.37へ**
- □家族の勤務先や通学先、避難ルートなど
  → **P.40、43へ**

※これらの点は防災対策を始める・見直す際に一度行えば十分。あとはこうした視点でものを見られるようになります。引越や家庭環境が変わったら見直す程度で良いでしょう

地域環境で十人十色①
わが家に起こりえる危険は何か？
―地元で予想される災害をチェック―

地域環境で最初に確認したいのは、やはりわが家の安全です。そのためには、災害が起きそうな危険地域や予想される被害を地図にまとめた「災害ハザードマップ」（災害危険予測地図）が必要不可欠です（下の写真を参照）。まず、この地図を入手することから始めましょう。

ハザードマップはどこでもらえるの？

災害ハザードマップは、多くの市区町村で作られていますが、その配布方法は各自治体によって様々。広報紙などと一緒に各家庭に配付する地域もあるので、「見たことあるかも」と思う人はまずは家の中を探してみてください。

見つからない場合は、各自治体の防災課や図書館へ。各窓

ハザードマップは全国で様々な種類があります。

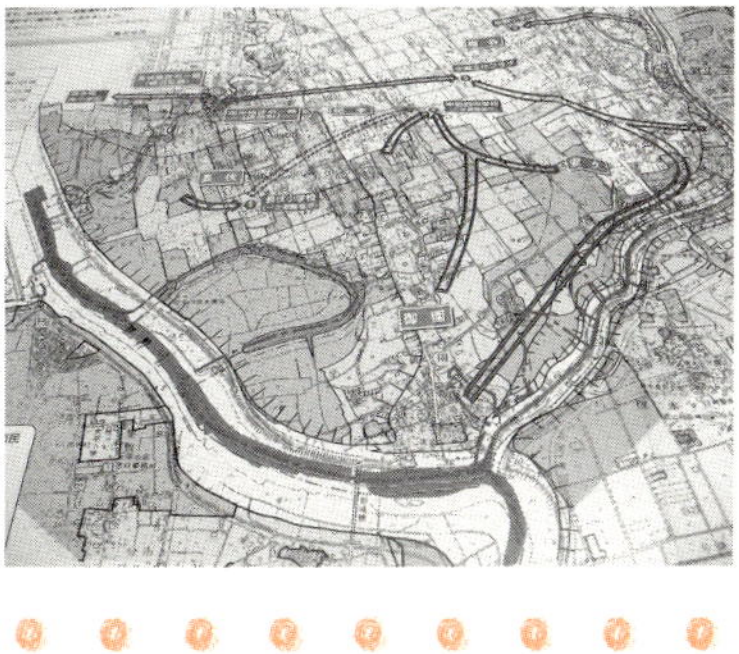

細かい単位で地域の危険度や避難場所がわかります。

口やカウンターなどでもらえることも多いようですが、わからない場合は地域の防災課に聞いてみましょう。

なお、比較的大きな河川では、国が作ったハザードマップもあり、管轄する国土交通省河川事務所のウェブサイトで見ることができます。

災害ハザードマップは数種類あります

じつはハザードマップは一つではありません。地震・津波・風水害・高潮・土砂災害・火山など、地元で予想される災害種類ごとに、様々なハザードマップが作られています。それぞれ、地区単位、なかには家単位の詳しいレベルまで、被害の範囲や程度が図示されているので参考になります。

ハザードマップでわが家の危険を見てみよう

ハザードマップを確かめて、Ｐ20の表にわが家の地理的危険を書き出してみましょう。予想される被害の大きさにより、対策すべき災害の種類と優先順位が見えてきます。

✳災害ハザードマップの入手方法と種類を紹介✳

細かい単位で地域の危険度や避難場所がわかります。

これがハザードマップ

●入手方法

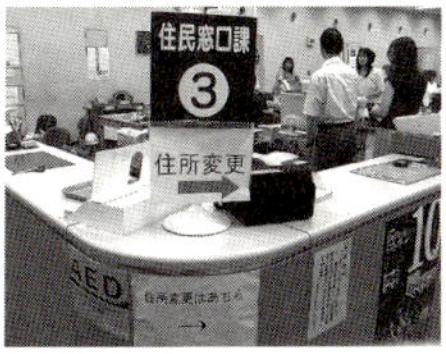

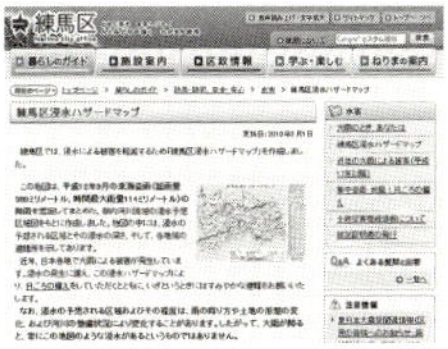

役所の防災課
受付に頼めば、その地域に適した災害の種類のものがもらえます。

図書館
カウンターなどで自由にもらえますが、地域の災害にあったものを自分で探す必要があります。

役所 WEB サイト
出かけなくても自宅で見られるのがポイント。画面が小さいので家族みんなで見るには向きません。

●ハザードマップの種類

地震

津波

洪水

土砂

火災

わが家の地理的危険は？（チェック1）

災害ごとに地元のハザードマップを持っていますか？

災害の種類	ハザードマップを持っている？	わが家は安全？
地震	ある（　　　年版）　ない	はい　いいえ
津波	ある（　　　年版）　ない	はい　いいえ
洪水	ある（　　　年版）　ない	はい　いいえ
高潮	ある（　　　年版）　ない	はい　いいえ
土砂災害	ある（　　　年版）　ない	はい　いいえ
火山噴火	ある（　　　年版）　ない	はい　いいえ

わが家の住宅環境は？

- □**住宅密集地**　→周囲で火災が発生すると、燃え移る可能性があります
- □**地下・半地下**→他より早く洪水被害に遭いやすい
- □**中・高層階**　→地震の揺れが長く、水の運搬など被災生活も不便になりがち
- □**住宅造成地**　→基礎地盤が軟弱な場合があります

わが家で考えられる災害被害は？（チェック2）

地震の場合：□建物の倒壊　□液状化・地盤被害　□火災　□津波
風水害の場合：□河川の氾濫　□都市型水害　□高潮　□突風・雷
雪害の場合：□融雪洪水　□雪崩
土砂災害の場合：□がけ崩れ　□土石流　□地すべり
火山噴火の場合：□溶岩流、火砕流　□降灰　□泥流・土石流
その他（　　　　　　　　　　　　　　　　　　　　　　）

どんなリスクがありますか？

注意：ハザードマップは絶対ではありません。想定を超える災害が起きれば、当然、被害や範囲は大きくなります。

記入のポイント！

まず最初にハザードマップの有無を確認。同時にわが家周辺の住宅環境を観察し、当てはまるものにチェックします（チェック1）。次にハザードマップを見ながら、起こりうる災害被害を確認していきましょう（チェック2）

地域環境で十人十色② わが街でどんな災害が起こってきたか!?

—過去の災害&昔の姿を知れば、現在の備えがわかる—

ある新興住宅地でメイン道路の両側の家だけがやたらとよく揺れるという相談があり、地元の昔の姿を調べてみたら沢だった、ということがありました。このように地元の昔の地形を知ることで、見過ごされがちな都市化に隠れた地元の危険箇所や、繰り返し起きた災害がわかり、対策の助けになります。

市区町村が配付する防災ガイド類には、過去に地元で起きた災害が載っていることも多く、参考になります。図書館で調べてみるのもおすすめ。たいていの市区町村史からは、地元で起こった災害の歴史や範囲を知ることができます。また、レファレンスコーナーにある古地図や、国土地理院ウェブサイトの航空写真からは、わが家の場所の姿を詳しく確認できます。意外な発見もあるかも。楽しみながら、ぜひ一度調べてみてください。

周囲より地震で揺れる一帯を航空写真で眺めてみると…。

造成時は沢が流れる谷だった！　なんて発見をすることも。

わが街の昔の姿 チェック項目

自治体の配布物で

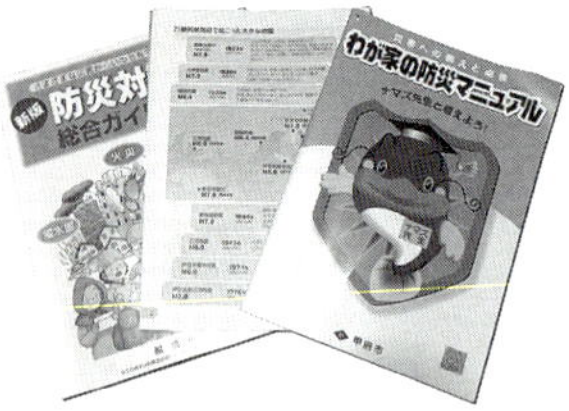

住民向け防災ガイド類

調べてわかった危険：

国土地理院Webサイトで

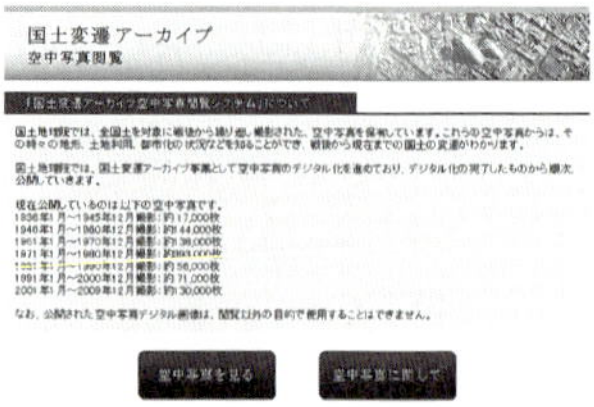

国土変遷アーカイブ

調べてわかった危険：

図書館のレファレンス室・郷土資料コーナーで

昔の地元の地図

調べてわかった危険：

市区町村史

調べてわかった危険：

おすすめ：不動産購入予定の方は特に！

これを実際に行うのは面倒でしょうが、特に不動産購入予定がある方は、検討材料のひとつとして行ってみると後悔せずにすむでしょう。

地域環境で十人十色③ 街の自治体は、災害に備えているか？ ―地元の公助力の実態は？―

「被災したら避難所に行けば……」。そう思うかもしれませんが例えば非常時のための備蓄食が想定避難所収容数の1〜3日程度しかない場合、みんながそれに頼ってしまうと1日分にも届きません。みなさんは、地元の街がどれだけ頼りになるかご存じですか？　地元の自治体の備蓄食の量など、公的な助け＝公助力の実態を知ると、わが家ですすべき備えが見えてきます。

公助力を確認する方法とは？

各自治体の「地域防災計画」で、公助力が見えてきます。地域防災計画は役所の防災担当課窓口や図書館、または役所のウェブサイトでも見られます。どこに・何が・どれだけあるかは、計画内の「資料編」に、たいてい載っています。

地域防災計画は、図書館にも置いてあります。

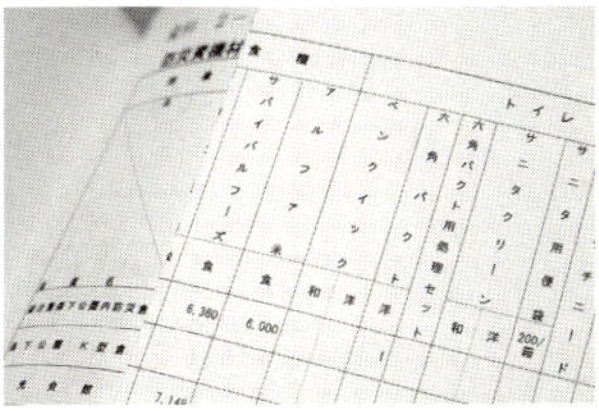

じつは備蓄量が少ない、備蓄品が家族に合わない！なんていうことも。

地元の公助力をチェックしてみよう

備蓄食は何がある？	品目：　備蓄数：　備蓄場所：	
	品目：　備蓄数：　備蓄場所：	
	品目：　備蓄数：　備蓄場所：	
	一人あたりの食事量	総数：　食÷人口　人＝　食分
備蓄飲料水の確保方法は？	□保存水配布　□配水車巡回　□給水拠点で受け取り □プール水等を浄水　□備蓄がなく協定先から調達	
	一人あたりの量	総数：　ℓ÷人口　人＝　ℓ分
乳幼児用備蓄は？	ある　ない	品目：　備蓄数：　備蓄場所：
年配者用備蓄は？	ある　ない	品目：　備蓄数：　備蓄場所：
アレルギー疾患用備蓄は？	ある　ない	品目：　備蓄数：　備蓄場所：
ペット用備蓄は？	ある　ない	品目：　備蓄数：　備蓄場所：
わが街の公助力は？	□満足　□少し満足　□想像どおり　□少し不安　□不安 **特にどんな点が気になりますか？**	
わが家で必要な備えは？	何日分備えるべきか？： とくに必要な備えは？：	

記入のポイント！

地域によっては、地域防災計画「資料編」が非公開になっているケースも。その場合は地震編の「災害応急計画」で概要を確かめましょう。総備蓄量からカバーする街の人口を割ると、一人あたりの配布量が判明し、足りないもの、自分で備えるべきことがわかります。

地域環境で十人十色④ 避難場所の確認は家族全員の必須事項 ―そこは本当に安全か？―

地域環境チェックの最後は、避難場所の確認。そもそもどこか知っていますか？　また駆け込む先の避難場所が安全かどうかを確認しましょう。

避難場所には役割と順番がある

避難場所といえば、体育館に所狭しと人が暮らすイメージがあります。でも、あれは居場所を失った人だけが入れるということをご存じですか？　地震や水害、土砂災害など、災害の種類によっても避難場所が変わる地域もあります。避難の段階に合わせて順番と役割があるのです。次ページの図をもとに、実際の災害が起きた場合のシミュレーションをしてみましょう。

わが家の避難場所を正しく知っていますか？

東京都の調査では、正確に知っている人はわずか８％。
自治体発行のハザードマップや防災ガイド類でご確認を。

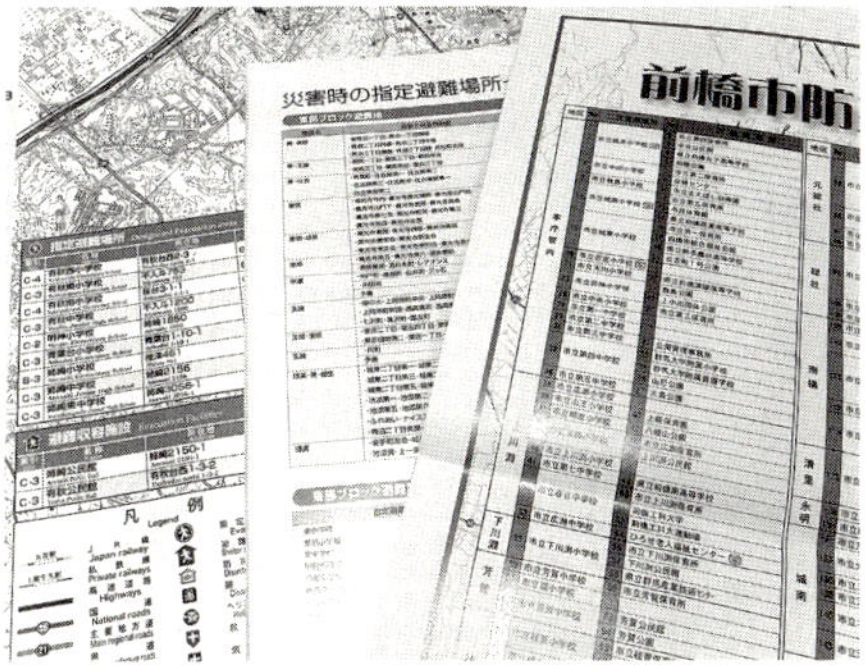

避難するにも順番があります

下の図は家にいるときに家族全員で被災した場合の、避難シミュレーションです。
災害のレベルや、自宅の被害状況に合わせて、避難する場所は変わるので注意！

災害発生

家族全員が揃っているときにわが家で被災した場合

わが家は危険！

順番①

一時避難所

ひとまず身の安全を守る近所の広場など。一時、いっとき避難場所など呼び方は様々。

＼小規模災害なら／

公民館

規模が小さい、避難者が少ない災害では、避難や被災生活を公民館ですませることも。

＼身寄りを頼ろう／

親せき・知人宅

身近な親戚や知人を頼って、避難や被災生活をする「縁故避難」という選択もあります。

家族バラバラのときに被災したらどうする？

地域ごとに避難場所や避難の順番が決まっているので、あらかじめ家族みんなでわが家の指定避難場所を確認しておき、落ち合うようにします。

避難のポイント！

公的な避難場所には数種類あり、災害の状況に合わせて避難する場所が違ったり、移動したりするケースがあります。また、決められた避難場所自体が被災している場合もあるので、臨機応変に対応しましょう。避難所の場所はお手持ちのハザードマップなどで確認できます。

わが家はもう大丈夫！　住居確保ができたら…自宅へ

避難先も危険！

このマークが目印！

順番②

広域避難場所

さらに避難が必要なときに移動する大規模広場・競技場など。写真のような全国統一マークが目印。

居場所を失った！

順番③

収容避難所

災害で居場所を失った人に生活環境を与える場所。学校や公共施設などの施設、地域住民への公的支援の拠点にも。

収容避難所に入れない

車中泊・自主避難、在宅逃避生活

収容避難所にも、自宅にも戻れない場合に。収容避難所に入らなくても支援は受けられます。

福祉避難所

要介護・障がい者など、独自の制約を抱えた人向けの公的施設や提携民間福祉施設。

応急仮設住宅

生活再建の場として提供される住宅。居住期限は原則2年。

入居決定

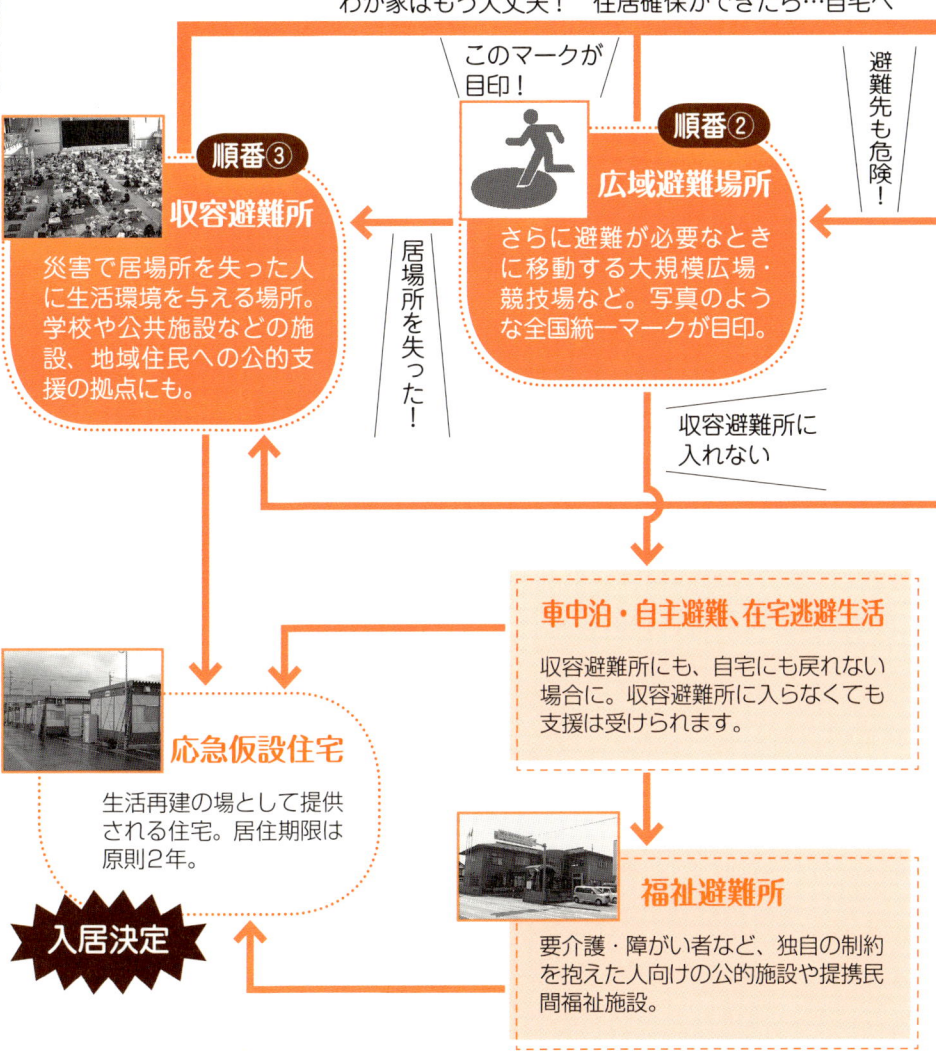

災害によっては危険な避難場所も

地震には大丈夫なのに、水害や土砂災害の危険区域にある避難場所は意外にも多く存在します。講演で訪れる自治体でも、たいてい数か所は見つかるほどです。実際、２００４年の台風15号では、香川県の川沿いにある自治会館に、洪水と土石流が直撃して、そこに避難していた方が犠牲になりました。残念な限りです。

わが家の避難場所が安全か確かめよう

無念の被害に遭わないよう、わが家の避難先が安全どうか、災害ハザードマップで確かめておくと安心です。もし危険なら、代わりにどこに避難するか、安全な避難経路はどこか、この2点を家族で話し合い、次のページのリストに記して非常持出袋（P48参照）に保存しておきましょう。

避難場所が安全か、ハザードマップでチェック！

実際にマップを見ながら、気になる部分を解説します。

この地域は水害で浸水するため、別の避難所が指定されています。

代替先の指示がなければ、わが家で決めておきましょう。

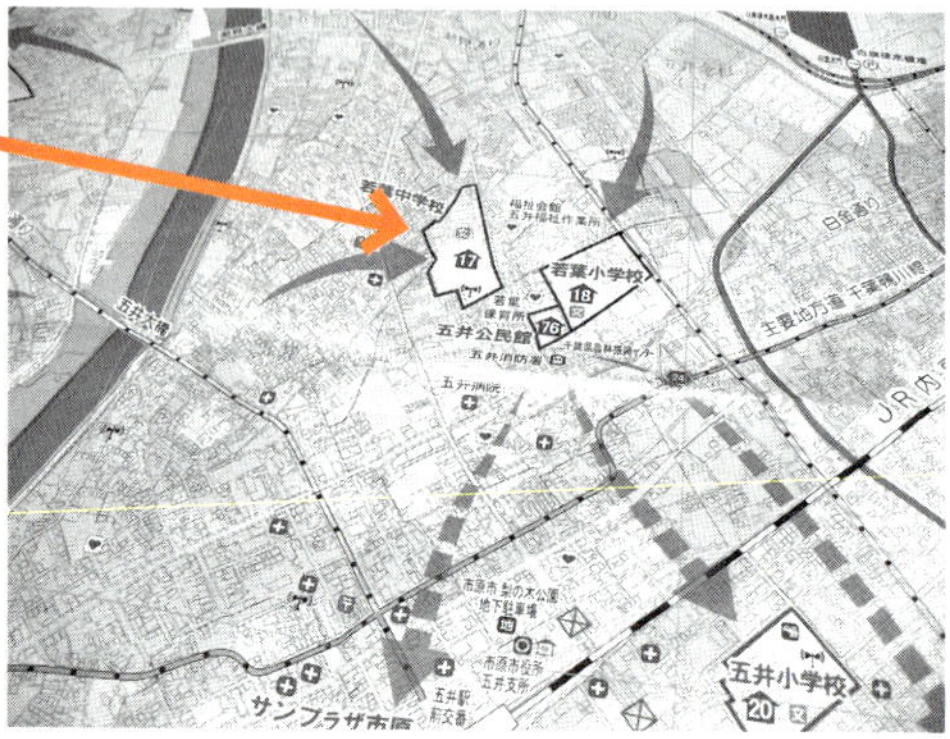

✱わが家の避難場所を確認する✱

避難所はハザードマップや防災ガイドを参考に調べましょう。収容人数などの事情で、必ずしも最寄りの場所や施設でない場合もあるので、よく確認を。

✱指定の避難場所は？（チェック1）✱

指定の一時避難場所	

↓

指定の広域避難場所	

↓

指定の収容避難場所		（　　）　－
		（　　）　－

↓

✱指定避難場所以外でも、避難場所があります（チェック2）✱

危険時の代替収容避難所	危険の種類　□地震　□津波　□水害　□土砂災害　□火災	
		（　　）　－
近隣の福祉避難所		（　　）　－
		（　　）　－

町内の公民館・集会所		（　　）　－
身を寄せられる親せきの家など	宅	（　　）　－
	宅	（　　）　－

記入のポイント！

災害の種類によっては、指定された避難所に危険が及ぶ場合もあります。避難所を調べるときは、一緒に避難所の危険リスクも確認。第2、第3の候補を頭に入れておきましょう。

家庭環境で十人十色①
家族の人数や子どもで、対策は大違い
ーライフスタイル別、わが家だけに必要な備えがあるー

わが家に合った防災対策は、地域の環境に加えて、家族の環境によっても変わります。乳幼児がいる場合、公的な備蓄食は大人向けのものが多いので、乳幼児では食べられない場合も……。同じ地域に暮らしていても、家族の形やニーズが異なれば、備えや災害時の行動は変わってくるからです。

家族のニーズを振り返る2つのポイント

まず、家族構成や生活パターンなど家族のライフスタイル、そして、災害時に一般健常者以上に困る事情を持つ家族、つまり「災害時要援護者」の有無。この2つの視点で振り返ると、わが家に合った備えが見えてきます。

✴家族形態の違いで、防災対策も変わる！✴

家族形態ごとに、見落としがちな注意ポイントを紹介します。

乳幼児家庭

乳幼児用の公的支援が少なく、避難所生活に苦労を強いられがち

ペット・家畜

動物の種類は様々なので、用意するものもいろいろです。在宅被災生活の覚悟も

夫婦二人暮らし

自由に動ける分、防災対策に遅れも。安否不明で捜索騒ぎになることが多い

若年単身者

地域との接点が薄く、支援を受け損ねる。安否不明で捜索騒ぎになることが多い

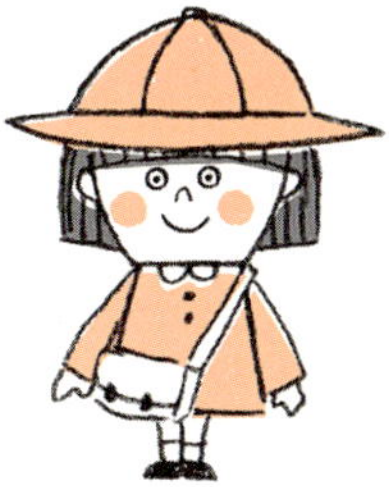

就学・就園児

引き取りや預かり基準、連絡方法を確認

一人暮らしの老人

避難や安否の把握が遅れ、被害を受けやすい

生活パターンによっても、気がつかなかった急所が！

普段の生活を思い出して、チェックしてみましょう。

遠距離通勤、通学をしている場合

安否連絡や遠距離からの徒歩帰宅・引き取り対策を

交替・変則勤務の場合

深夜勤務の人などがこれにあたります。地域との接点が薄くなりがちで、支援を受け損ねることも

共働きをしている

被災時に親が不在で、子供だけになってしまうことも。子供の引き取り方法についても確認

地域で役割についている

自主防災会や消防団など、いざというときに家族を残して出かけなければならない人もいます。その場合の対策を

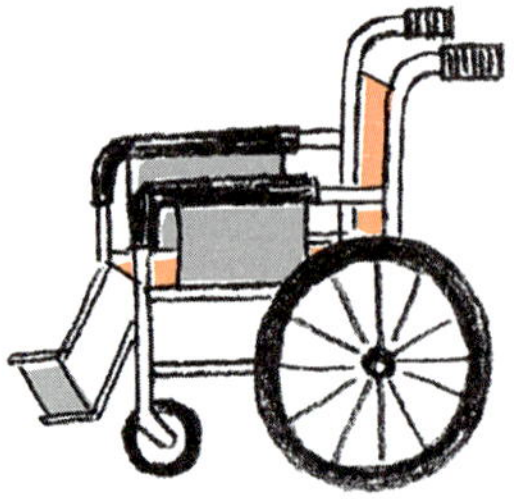

家族の施設送迎

施設連絡と引き取り基準・対応を確認。自力で帰ってこられず、迎えが必要

事業や店舗を経営している

仕事場や従業員の安全優先で家庭のために行動や避難ができない

✱災害時に制約を抱えやすいケース✱

下に紹介するケースは、災害時に援護が必要な家族の例です。あらかじめ備えを充実させておきましょう。

● 乳幼児がいる人

公的支援はあっても、粉ミルク程度、しかも市内数か所に集中備蓄されていることが多いです。調乳・消毒用品、衛生用品の準備をしておきましょう。

● 単身高齢者

災害情報の入手や避難が遅れやすいことも。役所で同報無線個別受信機の入手や、地元の自主防災会に避難補助者をつけてもらいましょう。

● 外国語を母国語とする人

母国語や簡単な日本語によるラジオ局を探し、困ったときは国際交流協会へ。

● ペットを飼っている人

ペットが入れない避難所もあります。また、ペット用食糧の支援はほぼありません。リード類と、人以上に多くの飲食・衛生用品を用意しましょう。

● 嚥《えん》下《げ》障がい者

嚥下障がい者とは、固い物をかむ、飲み込めない症状のこと。支援食は固いものが多いので、事前にドラッグストアでユニバーサルデザインフード（介護食）を購入しておきましょう。

● 在宅医療機器を使っている人

人工呼吸器や酸素濃縮器など停電は命の危険につながります。予備バッテリーや手動機器、カー電源対応コネクターの準備を。

● 皮膚／食物など、アレルギーがある人

皮膚アレルギーの人は強めの外用薬とコットン製の着替えを多めに用意。人目が少ない在宅被災生活の選択も。公的備蓄や支援食はアレルギー対応ではありません。食物アレルギーの人は普段の食材を多めに在庫しましょう。

● 視覚／聴覚障がいがある人

危険回避・避難所環境の把握がしにくいので、ともに避難する近親者がいなければ、地元の自主防災会（P.60）で「要援護者台帳」に登録しましょう。避難補助者派遣、避難所案内を取り決めましょう。

● 認知症患者／精神・知的障がい者がいる人

普段と違う避難所環境に、行動や症状が変わります。事前に施設に慣れたり、昼夜の区別がつくところで生活リズムを確保したいもの。福祉避難所への移動も考えておきましょう。

家庭環境で十人十色②

家族の医療情報をまとめておく
―保険証番号ひとつが、いのちを救う―

災害時に、家族が重傷を負ってパニックになるかもしれません。また、主治医でない医師にお世話になるときは、アレルギー症状や既往症など、注意事項や禁忌をきちんと伝えないとトラブルになる危険も……。そんな場面でもあわてないように、健康保険証番号など、家族の医療情報を事前にまとめて非常持出袋（P48）に入れておきましょう。

地元の応急救護所を知っておく

意外と知られていませんが、多くの自治体では、各地域の被災者を各地域の医師で優先的に診療する「応急救護所」を指定しています。次ページ下段を参考に、わが家の指定救護所も確認してみましょう。

緊急事態は頭が真っ白になって動けない！

まとめておくとよい医療情報とは？

アレルギーや既往症など、家族の基本情報はもちろん、健康保険証番号などの情報は忘れずにメモしましょう。保険証を失っても保険証番号さえわかれば保険診療できる場合もあるので役立ちます。

また万が一の際の身元確認に役立つよう、体の特徴やかかりつけ歯科医についても記録しておくべきです。

なお持病や使用薬、またアレルギーや禁忌事項など、医療従事者に向けた注意事項は、大切ながら緊急時にはきちんと伝えるのが難しいので、特に注意深く準備しておきたいものです。

家族の医療情報をまとめておこう

次ページのリストを活用して、家族の人数分の情報をまとめたら、非常持出袋に保存しておきましょう。このリストは災害時だけでなく、平時に救急車を呼ぶ際などにも役立ちます。

災害時にケガをしたら、どこに行けばいいの？

多くの地域では以下のような体制をとっていますが、地域事情によって異なるので、自治体の防災ガイドや防災マップなどで確認しておきましょう。

応急救護所

災害時に地元医師が来て応急医療を行う地域の医療拠点。ケガなどした場合、まずはここに向かいます。避難所と別の場所にあったり、数が少ない場合もあります。

災害拠点病院

応急救護所から運ばれる、一刻を争う重症者を扱う大規模病院。市町村に1、2か所程度指定されています。

わが家の医療情報

最寄りの医療救護所	

家族の基本情報、医療上の注意事項一覧表

家族氏名				
続　柄				
生年月日	年　月　日	年　月　日	年　月　日	年　月　日
身　長	cm	cm	cm	cm
血液型				
健康保険種別				
保険証番号				
体の特徴・目印				
かかりつけの歯科				
かかりつけの病院				
持病・既往症				
使用薬など				
アレルギー				
医療上の注意事項・その他				

記入のポイント！

医療救護所は自治体発行の防災ガイド、防災マップで確認できます。

家庭環境で十人十色③ 家族の引き取りルールを確認しよう
—幼稚園、保育園、福祉施設…迎えに行く前に—

次は、家族が揃っていないときに災害が起きた場合について説明します。

まず、お子さんが幼稚園や託児施設に通っていたり、福祉やその他の施設に預けている家族がいるならば特に、各施設の引き取り方法について事前に把握しておきましょう。なぜなら、引き渡しと引き取りの基準があるからです。

各施設の引き渡し基準を確認する

近年の災害を受け、多くの施設では、気象や災害の警報が発表されたり、実際に災害が起きたときの、帰宅と家族への引き渡し基準を作っています。

一般的に、電話やネット回線の寸断や混雑により各施設から

預け先で家族が被災したら…

- □家族への連絡体制は？
- □施設の避難誘導体制は？
- □保護者への引き渡し方法は？
- □すぐ引き取りに行けないときはどれくらい保護してる？

の連絡ができないことを見越して、あらかじめ対応基準が明文化されているので、確認のうえP39の表などに記入しておきましょう。

なお公立学校では、地元の教育委員会が基準を決めている場合もあるので、情報をお探しの際はご注意ください。

対処や引き渡し基準は施設でさまざま

災害体制に移る基準は、各施設の地理的危険や施設の対応能力などによって結構違いがあるので、施設の広報物やウェブサイトなどで、事前に確認しておきましょう。

特に、引き取りについては、安全のために、事前に登録した人以外には引き渡さないという施設もあります。ご自分だけでなく、引き取りに行ける家族を、この機会に登録しておきたいものです。

施設のメール連絡サービスに登録する

災害時は、音声通話は回線混雑でなかなか通じません。でも、そんなときでも通じやすく、また一斉送信のためより早く情報が伝わるメール配信サービスを行っている施設も多くあります。事前に、携帯電話のメールアドレスを登録しておきましょう。

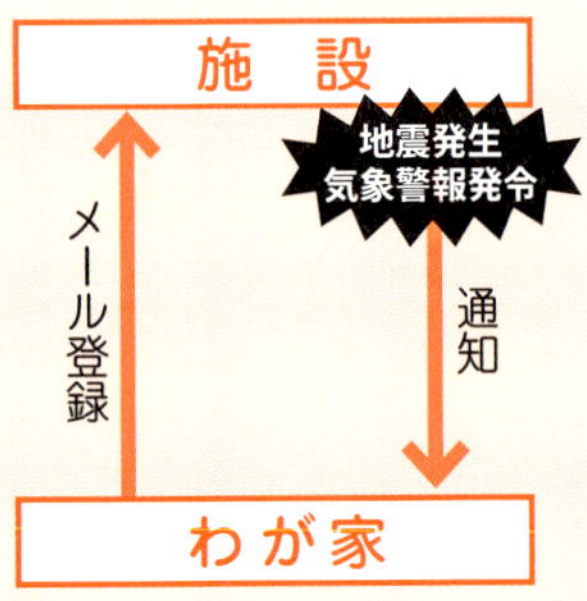

※なお公立学校では、地元の教育委員会が基準を決めている場合もあります。情報をお探しの際はご注意ください。

✱家族が通う施設情報と引き取りルール✱

保育園・幼稚園

施設名			（　　　）　　－
種　類	場　面	基　準	対　応
地　震	登園前・登園時		
	在園時		
風水害	登園前・登園時		
	在園時		
その他			
伝達方法	□音声通話　□メール配信　備考：		
引き渡し方法			

福祉・介護施設など

施設名			（　　　）　　－
種　類	場　面	基　準	対　応
地　震	通所前・通所時		
	在所時		
風水害	通所前・通所時		
	在所時		
その他			
伝達方法	□音声通話　□メール配信　備考：		
引き渡し方法			

記入のポイント！

地震と風水害の場合とでは、登園前や在園時の対応が異なるケースも。「基準」欄、「対応」欄に各施設の案内を見て、基準を書き写しましょう。

家庭環境で十人十色④

外出先で被災したときの避難場所を確認しよう

―いつ、どこで災害に遭うかわかりません！―

電車やバスなどの公共交通機関で、数十分以上かけて通勤・通学するご家族もおられるでしょう。また、仕事以外で遠くに出かけることもあります。そうした出先で被災したとき、どこに避難すればいいのかご存知ですか？

外出・滞留被災者向けの避難場所

地元以外の地域で被災して居場所がない状態の人を「屋外滞留者」と呼びますが、現在、そうした人々のために、主に都市部を中心に避難スペースや支援を提供する場所の整備が進んでいます。

例えば東京都では、都立の小中学校は地元住民のための避難場所になっていますが、都立高校や特別支援学校は、災害が

おさまって危険はないけど居場所がないという状態の人、滞留者や徒歩帰宅者など、ほかの地域から来た人向けの避難場所としています。

一般的には、大規模な公園や公共施設、競技場などがあてられている場合が多いようです。もちろん、P26で紹介した一次（一時）避難地や広域避難場所といった、身の安全を確保するために各地で指定された広場や公園も避難スペースとして誰でも利用することができます。

よく行く場所の避難場所も調べるべし

日々通う職場、駅前の専門学校や大学校舎など、避難スペースに乏しい学校、また、大きな買い物などで都市部によく行く方も、周辺の避難場所をあらかじめ調べておくとよいでしょう。

外出先で避難場所を探すには？

土地勘のない外出先では、避難場所を示す案内看板が目印になります。また、避難場所やトイレ、給水所などの支援施設までのせた周辺地図もあります。

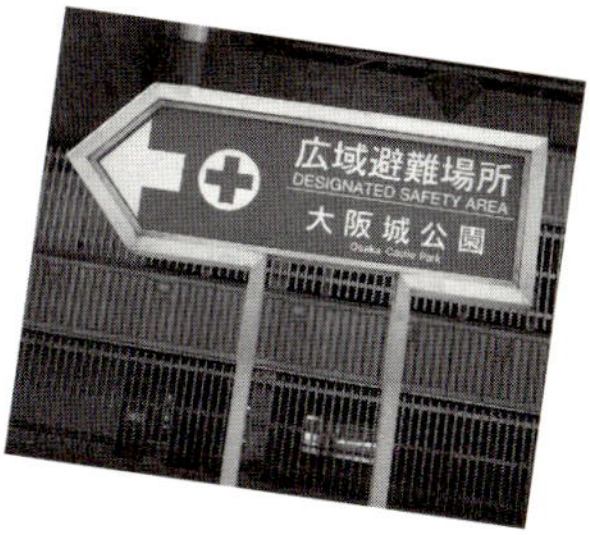

＊よく行く外出先の避難場所も調べておこう＊

職場・オフィス

学校

（　　　　　　）

（　　　　　　）

（　　　　　　）

（　　　　　　）

（　　　）内にはよく行く外出先を書き込もう。密集地や駅周辺の学校などは、避難場所が少ないので注意しましょう。

家庭環境で十人十色⑤ 会社や学校からの帰宅ルートは、必ず確認
―遠距離通勤・通学でも、家族みんなの共通認識は必須です―

災害で交通機関が止まった場合に、通常徒歩で帰宅することになります。電車やバスなどで、通勤・通学している家族がいるなら、どのように帰宅するかをシミュレーションしておくと安心。事前に帰宅ルートを検討し、書き出しておけば、家族の心配も減らせるでしょう。

自宅まで20㎞以上は「帰宅困難者」となる!

政府中央防災会議では、自宅まで20㎞以上の距離がある人を「帰宅困難者」と定義しています。平均的な歩行速度の時速4㎞なら、5時間で着く距離ですが、災害後は通常の場合と道路状況が変わります。がれきや道路や橋の損壊などの障害や途中休憩することなどを考えると、災害発生当日中に帰宅するのは

災害後はいっせいに帰らず、事後処理・安否連絡・帰宅準備をしつつ待機を
道を歩く際は落下・倒壊物を避けて車道寄りを歩きましょう

難しいと考えるためです。

実際、私が平時に行った徒歩帰宅体験では、東京—横浜間の約33kmを、正午に出発で約10時間後の夜10時に到着しています。災害時であれば、なお時間がかかるので、国の想定は妥当な線でしょう。

帰宅ルートと支援場所をチェック

災害で交通機関やライフラインが止まっても、通勤通学先から無事に徒歩で帰宅するために、事前の心積もりが不可欠です。帰宅ルートを確認するだけでなく、休憩・支援場所もチェックすると予定が立てやすくなります。これらの情報は、沿道の自治体が発行している「帰宅支援マップ」でわかるので、万が一に備えて役所の窓口やネットで入手しておきましょう。なお、職場や学校のロッカーに備えておきたい徒歩帰宅グッズについては、P58で詳しく説明します。

沿道の帰宅支援ステーションを活用しよう

都市部では、自治体協定先の店舗が「災害時帰宅支援ステーション」として、徒歩帰宅者に休憩場所やトイレなどのサポートを提供します。普段から、提携業者の店頭に右のステッカーが貼られているのが目印です。

家族の徒歩帰宅ルートチェック表

名前（　　　　　　　　）

（　　　　　）
から
自宅までの
帰宅ルート

沿道自治体名	帰宅支援マップ	沿道の危険地域	公共の帰宅困難者支援施設
	あり・なし		
	あり・なし		
	あり・なし		
	あり・なし		

名前（　　　　　　　　）

（　　　　　）
から
自宅までの
帰宅ルート

沿道自治体名	帰宅支援マップ	沿道の危険地域	公共の帰宅困難者支援施設
	あり・なし		
	あり・なし		
	あり・なし		
	あり・なし		

名前（　　　　　　　　　　）

（　　　　　）から 自宅までの 帰宅ルート			
沿道自治体名	帰宅支援マップ	沿道の危険地域	公共の帰宅困難者支援施設
	あり・なし		
	あり・なし		
	あり・なし		
	あり・なし		

名前（　　　　　　　　　　）

（　　　　　）から 自宅までの 帰宅ルート			
沿道自治体名	帰宅支援マップ	沿道の危険地域	公共の帰宅困難者支援施設
	あり・なし		
	あり・なし		
	あり・なし		
	あり・なし		

第2章

「もしも…」に備える防災グッズを準備する

心配のあまり、あれもこれもと防災グッズを買っていませんか？　この章では、第１章で整理した情報をもとに、わが家に本当に必要なものを考えます。

誰でもこれだけは！　防災グッズの基本セット
―必要最低限な「非常持出品」と「備蓄品」に分けて備える―

地域環境と家庭環境をチェックし、わが家に必要な対策がイメージできたら、いよいよ実際の備えです。第２章では、災害発生から被災生活までの苦労をやわらげる、被災生活用品を考えていきましょう。

備えは「非常持出品」と「備蓄品」に分ける

すべての被災生活用品を一つにまとめると、荷物が大きく重くなって、避難が困難になり危険。必ず持って避難したい「非常持出品」と、それ以外の「備蓄品」に分けて備えるのがポイントです。まず「非常持出品」だけを持って避難しましょう。残りの「備蓄品」は、身の安全が確保できれば取りに戻ればいいのです。それぞれの備えの特徴を説明すると……

●非常持出品（一次持出品）＝失いたくない大事なもの＋当日分

　家族の写真やデータ、1章で決めた家族の決めごとなど、失いたくない大事なものと当日に必要な物だけにしぼってコンパクトにまとめ、確実に持ち出せるようにします。ハザードマップで確認し、ご自宅が火災危険度の高い地域でない限り、物資を入れる袋は銀色の難燃繊維リュックである必要はありません。

　通帳や保険証・保険証券も大事なものですが、原本では生活に支障があるので、コピーか番号の控えを入れましょう。（詳しくはP50）

●備蓄品（二次持出品）＝2日目以降の被災生活物資など

　2日目以降、公的備蓄量や救援到着のしやすさなど、地元事情によって必要な日数分の被災生活物資を備えておきます。中身が多くなるので、キャリーバッグか折りたたみカートで運べるようにしましょう。ホームセンターやスポーツ量販店の、防災・スポーツ・アウトドア用品売場、また衛生用品は介護用品売場やドラッグストアで見つけることができます。（詳しくはP51）

非常持出袋に入れておきたい定番リスト

◆必ず持ち出したいものや情報

□緊急医療情報リスト
□安否確認・連絡リスト
□わが家の避難場所リスト
□家族の引き渡しルール
□家族の徒歩帰宅ルート
□通帳・健康保険証コピー
□現金（公衆電話用に 10 円硬貨も多めに）
□保険証券コピー
□本人確認書類のコピー
□家や車のスペアキー
□家族の写真、形見など

◆災害当日分に必要なもの

□手回し充電ラジオ（または携帯ラジオと電池）
□ＬＥＤヘッドライト
□ゴム引き軍手
□救急用品（ケガの手当グッズ、重傷手当て用三角布）
□ポケットティッシュ
□小型ウエットティッシュ
□非常食（2食分。調理不要か水を注ぐだけで食べられるもの）
□飲料水（1人 500mℓペットボトル2、3本程度）
□携帯トイレ（大に対応するもの。小のみ、渋滞用トイレは×）
□レインウエア（防寒にも使える）
□マジックペン、メモ用具

備えのポイント！

防災対災グッズ＝非常食や飲料水だけではありません。失ってわかる一番大切な"備え"は、「他人は知らない」「お金で買えない」「わが家だけの物や情報」。デジカメ写真やパソコンの住所録などは、小型リムーバブル HDD にコピーし、バックアップして必ず持って避難しましょう。

※＋αが必要な家族の備えはP52 も参照

✳2日目以降に必要な備蓄品リスト✳

◆飲食物

□保存食品（非常食や市販保存食も可、カロリー重視で）
□加熱調理器具
□食器類・ラップ
□総合保険薬・サプリメント
□ゴミ袋・ポリ袋
□給水支援用品（給水袋や容器、運搬用折りたたみカート）

◆衛生用品（ドラッグストアや介護用品売場などで入手）

□組み立て式簡易トイレと追加の処理袋
□からだふき
□ドライシャンプー
□常備薬（消毒薬、かぜ薬、鎮痛解熱剤、便秘薬、下痢止め）
□マスク（大量にあるといい）
□タオル類・洗面道具

◆生活用品（ハイテク繊維の高機能衣料が便利）

□携帯電話充電アダプタ
□予備電池
□レンズ付きフィルム
□テント・寝袋類

◆衣料品

□ジャージ上下
□インナー・下着類

備えのポイント！

アウトドア用品は、ほぼ被災生活用品として役立ちます。またレンズ付きフィルムは被害の記録のため必要です。保険請求や公的被害調査の際に活躍します。

※＋αが必要な家族の備えはP52も参照

家族によってプラスαの備えが必要なことも
―乳幼児や高齢者は避難するだけでも大変―

基本的なアイテムを揃えたら、次はそれらでカバーできないプラスαの備えを考えましょう。たとえば妊婦がいたり、乳幼児がいたりすると、基本グッズだけでは事足りません。家族の必要に合わせたプラスαの備えを行うことで、本当の意味で〝わが家仕様〟の被災生活用品が完成します。

ニーズによっては公的支援がない場合も

健康かどうかを問わず、災害が起きると一般人以上に制約を抱える人は多種多様。にもかかわらず、地元の公的支援がない場合も多いので、P23で紹介した、地域防災計画を見て地元の現状を知り、不足分を備えておくのが肝心です。

✳それぞれのケースごとに必要な＋αアイテムとは？✳

乳幼児（備蓄があっても集中備蓄で取りに行けない）

□離乳食・粉ミルク
（母乳が出なくなることも）
□調乳用品・加熱調理器具
□漬け置きタイプ消毒用品
□乳幼児用紙おむつ・おしりふき

年配者（備蓄があっても乳幼児以上に少ない）

□自治体頒布の同報無線戸別受信機
□堅さ調整できるフリーズドライ非常食
□ユニバーサルデザインフード
（介護食）
□大人用紙おむつ・清拭用品

内部疾患を持つ人（継続的な医療・投薬が生命線）

□主治医・患者会連絡先メモ
□持病薬メモ（薬品名を正確に書く）
□特定疾患医療受給者証のコピー
□持病薬・治療食

在宅医療機器を使う人（停電＝生命の危機につながる）

□主治医・機器メーカー連絡先メモ
□手動機器・補充資材
□外部バッテリー・カー電源用コード
または正弦波インバータ式発電機

食物アレルギー患者（対応食の公的備蓄は期待薄）

□患者会・支援団体の連絡先メモ
□普段の食材を多く在庫する習慣
□アレルギー兼用非常食
（一部アルファ米ほか数種類あり）

皮膚アレルギー患者（在宅被災生活前提の備えも）

□患者会・支援団体の連絡先メモ
□処方薬（特に外用薬は多めに）
□低刺激性衣類（一般人より多めに）
□プライベート確保用テント

要介護者・認知症患者（最寄りの福祉避難所の対応を確認）

□背負いベルト・車椅子など搬送用具
□自主防災会の要援護者台帳に登録
（避難介助者など協力要請）
□ユニバーサルデザインフード
（介護食）

肢体不自由者（収容避難所・福祉避難所の対応を確認）

□自主防災会の要援護者台帳に登録
（避難介助者など協力要請）
□避難経路の確認と事前練習
□予備の杖・歩行補助

視覚障がい者（最寄りの福祉避難所の対応を確認）

□自主防災会の要援護者台帳に登録
（避難介助者など協力要請）
□自治体頒布の同報無線戸別受信機
□予備の白杖・点字板

聴覚障がい・老年性難聴者（最寄りの福祉避難所の対応を確認）

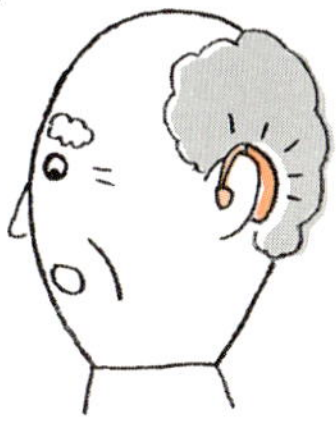

□自主防災会の要援護者台帳に登録
（避難介助者など協力要請）
□災害情報 FAX・メールサービスへ登録
□磁気式メモボード・補聴器

精神・知的障がい者（在宅被災生活前提の備えも）

□主治医情報メモ、療育手帳コピー
□持病薬（多めに備蓄）
□背負いベルト・車椅子など搬送用具
（薬副作用での脱力に備え）

ペット（公的支援は居場所の提供程度）

□獣医師・動物愛護センター連絡先
□リード・ケージなど居場所固定具
□ペット用飲食物（人間以上の量を）
□ペットシーツなど排泄用品

防災グッズは置き場所ひとつで無用の長物に

―普段の生活導線を見直そう―

非常持出品や備蓄品を用意できたら、時間とお金をかけて準備したものがきちんと役立つよう、その置き場所も考えておきましょう。

持ち出す&残す、2つのポイント

確実に持ち出せるようにするため、日頃からよく通る生活導線沿いに置くこと。また、屋内に入れなくなって、取り出せないというリスクもあります。確実に備えを活用できるように、非常持出品か備蓄品を屋内と屋外に分散保管してリスクを減らしましょう。この2点を念頭におけば、わが家の場合はどこに置けばいいのか見えてくるはずです。

押し入れ保管は×

押し入れやクローゼットは、枠が少し歪《ゆが》むだけで開かなくなることも。収納場所は、歪みにくい開口部が小さな棚、独立した家具などに。

✱防災グッズの収納は生活導線沿いに置く✱

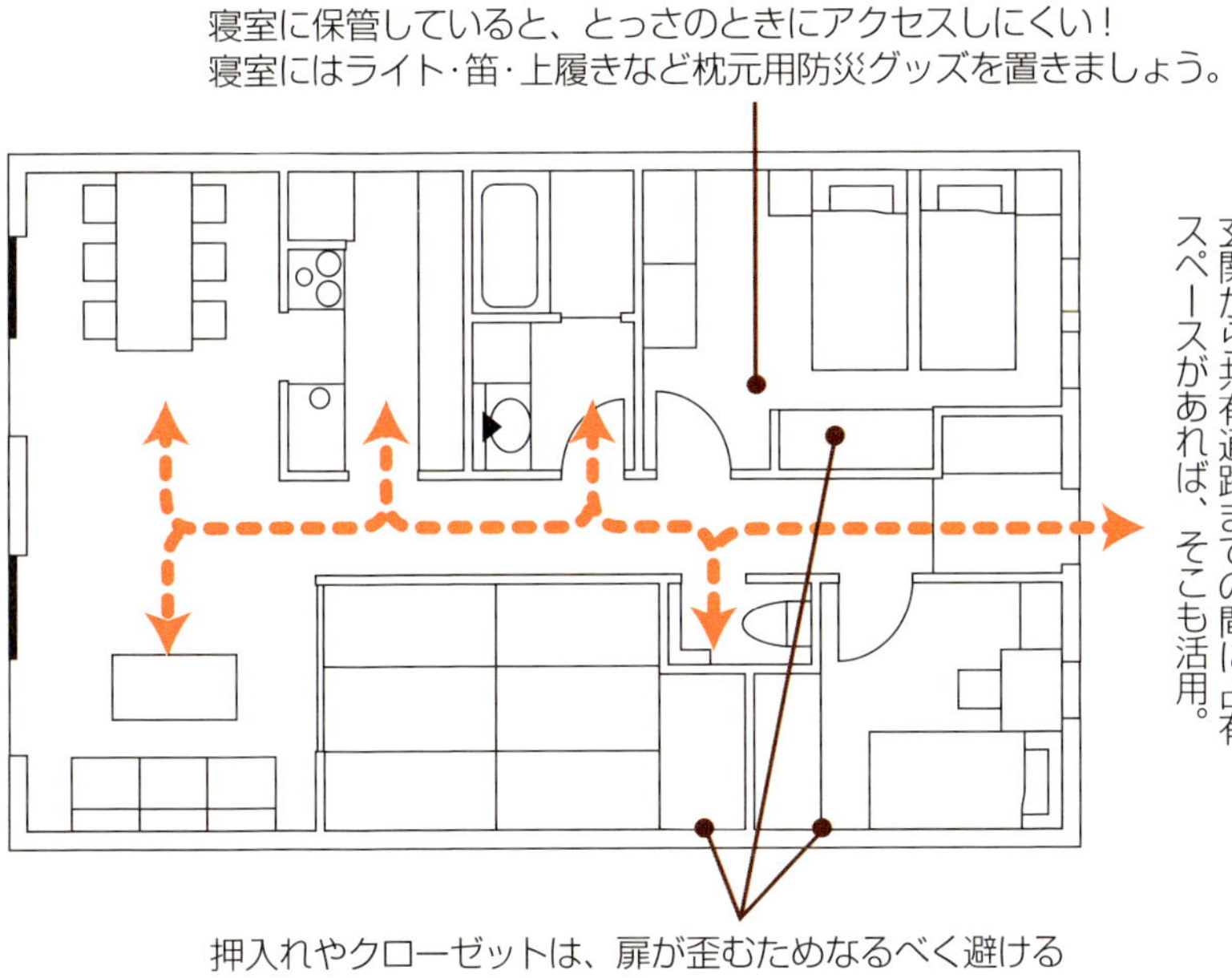
玄関から共有通路までの間に占有スペースがあれば、そこも活用。

✱分散保管できれば、より残存性アップ✱

入居者用
屋外倉庫

玄関まわり

PCデータのバックアップなど、更新の多い非常持出品は屋内に、備蓄品は屋外になど、備えを分散できると残存性がアップ。
アパートやマンションでも、ベランダや左記の場所を活用しましょう。

職場や学校に置く帰宅対策グッズを用意する

—長時間歩くための備えが必要—

通勤・通学先で、また自宅から離れた外出先で被災して、帰宅困難者になった際の徒歩帰宅方針をP43で考えました。今度は、それを元に帰宅対策グッズを考えましょう。

職場や学校のロッカーに備えておきたい徒歩帰宅グッズは、靴擦れ防止パッドなど、徒歩帰宅で肝心な足まわりのグッズを中心に、非常持出品よりコンパクトにまとめておきたいもの。もちろん、ウォーキングシューズや運動靴など、ソールが厚く歩きやすい靴が重要。帰宅経路と沿道の帰宅者支援施設を記したメモとともにしまっておきましょう。

家路を急ぐあまり、休憩を入れずに足にトラブルをかかえることも多いです。できれば1時間ごと、最低2時間に一度は小休憩を入れてください。

大量の帰宅者で、店の商品は品切れ続出。事前の備えが大事です

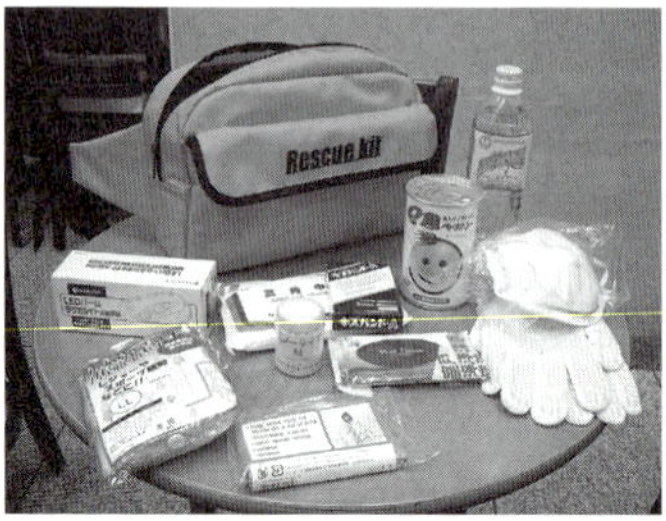

市販の徒歩帰宅対策セット（写真）だと、足元ケア用品が入ってないことも多い

✱遠距離通勤・通学者の帰宅対策グッズ✱

◆必ず揃えておきたいもの

□徒歩帰宅ルート チェック表 （P45参照）
□飲料水（1人500mlペットボトル2本程度、給水容器にもなる）
□携帯トイレ（大に対応）　□運動靴　□衝撃吸収インソール
□靴擦れ保護パッド　□足マメ保護パッド
□レインポンチョ・雨合羽

◆できれば揃えておきたいもの

□非常食（1、2食分、調理不要か注水のみで食べられるもの）
□手回し携帯充電ラジオ 救急用　□生理用品・ライナー類
□ホイッスル

ポイントはフットケア用品

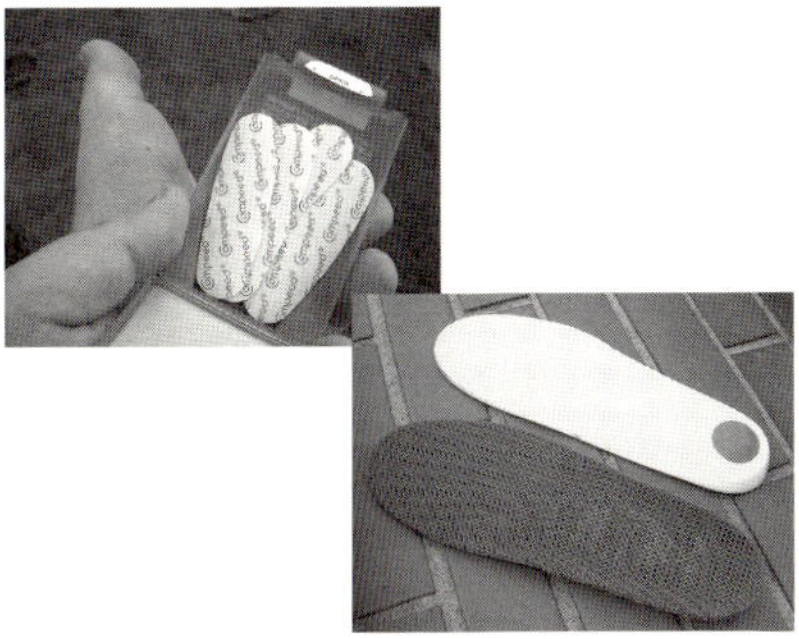

交通機関が麻痺した状況での長距離移動は、やはり自分の足が頼り。歩きなれないせいで足にマメができたり、靴擦れができるケースも多いので、足ケアグッズは必須。ホームセンターやドラッグストア、靴・スポーツ用品店のフットケア用品売場で入手できます。

✱外出時（仕事以外）の備え✱

◆必ず揃えたいもの

□飲食物（お菓子やペットボトル飲料は普段も切らさないこと）
□靴擦れ・足マメ保護パッド

◆できれば揃えておきたいもの

□絆創膏類（各数枚程度）
□携帯電話の予備電池
□ホイッスル

手におえない時は地域の共助に頼ろう
—自主防災組織がいざという時の強い味方に！—

大規模広域災害では、公的な救助もなかなか届きません。個人の自助努力だけではどうにも手に負えない、そんなときに助けになるのが「地域の共助」です。各地域には、いざというとき、共に助け合うため、町内会などの住民で作られた「自主防災組織」があります。内閣府「防災白書」（平成22年版）によると、全国の74％の地域で結成されており、かなりの地域で身近な助けが存在します。

みなさんの地元で、下の写真のような倉庫を見たことがありませんか？　これは「自主防災倉庫」といい、災害時に住民を守る、様々な道具や備蓄品が入っています。災害時には、この自主防災倉庫の前にスタッフが集まっているので、支援をお願いすることができます。

近くにこんな倉庫はありませんか？

各地の自主防災組織は、公園や道端などに大小様々な自主防災倉庫を設置しています。救助工具だけでなく、中には非常食も備蓄している地域も。

✷近所の自主防災組織を探してみよう✷

地元の自主防災組織名を調べましょう

近くの自主防災倉庫の場所は？

自主防災倉庫の中味は？

□救援工具あり　□非常食あり（内容：　　　　　　　　　　）

近くで街頭消火器のある場所を記入しましょう：

左写真のように街角にある消火器は、私たち一般市民が使うための街頭消火器です。いざというときのために設置場所を把握しておきましょう。

記入のポイント！

自主防災倉庫がどこにあるかわからない場合は、役所発行の防災マップや災害ハザードマップで確認。たいてい町内に見つかるはずです。

災害ボランティアを利用するには？

―頼む側にもマナーが必要です―

自主防災組織など、隣近所で支え合うにも限界があります。大規模災害後の復旧作業や、被災生活などで助けになるのが災害ボランティアの存在です。しかし、うまく活用できていないケースもあるため、ボランティアを頼む側もマナーや注意点を知っておきましょう。

ボランティアを依頼したい方は、災害時に該当地域の社会福祉協議会などに開設される災害ボランティアセンターに申し込みをします。すると、依頼を元に、作業予定や日程を調整。依頼先へ人員を派遣してくれます。逆に被災地外の人や、被害の少ない被災地の人は、支援する側のボランティアとして助けになれます。次ページを参考に、支援を依頼したり、参加してはいかがでしょうか。

一般的な災害ボランティアの1日

7時：ボランティアセンターで登録・受付
8時：作業配分、資材準備
9時：ボランティアセンター出発
10時：依頼先到着、作業開始
12～13時：昼食休憩
15時：作業終了、依頼先出発
16時：ボランティアセンター到着、資材片付け
17時：作業報告、引き継ぎ
18時：解散、日帰り組は帰途、宿泊組は
宿泊施設・テント、車中泊など

✱災害ボランティア利用の注意点✱

◆ボランティアを頼みたい場合

地元の社会福祉協議会／ボランティアセンターは？

電話番号：

依頼時、ボランティア到着時に明確にしておきたいポイント

□何をして欲しいか　（一般作業？　専門技術が必要？）
□いつして欲しいか　（作業編成上すぐ派遣してもらえないこともある）
□終了の目安
（○時まで、○○な程度まで、など仕事量を明確に。思いつきで作業を追加するのはトラブルのもと）
□作業完了時
（謝礼は不要。でも感謝の気持ちを忘れずに。追加希望があればリーダーに申し出を）
□作業が残ったら　（明日も継続してもらう？　後日でもＯＫ？）

◆ボランティアで支援したい場合

作業者として割り当てられる内容は様々です。

逆にボランティアの受け入れやお世話をするボランティアセンターの補助として働く場合も。

支援時、明確にしておきたいポイント

□自分の得意分野（職能・資格・特技）を意識しておこう
□ネットや広報などで、事前に各ボランティアセンターの募集要項をチェックしておく
□出発～帰宅まで、人の助けを借りずに行動できる装備と手配をしよう

町内の自主防災会に参加したり、地元での災害ボランティアコーディネーター養成講座を受けるのも立派なボランティアです。

グッズをそろえたら
次は何を…

第3章

家の防災対策、これだけはやらねばならない

家の防災は倒壊を防ぐためではなく、じつは逃げる時間を稼ぐため、避難所暮らしをしないため。避難しやすく、家の損害を最小限に留めるコツとは？

家の強化、「そのうちに…」では危ない！

―「壊れない」「倒れない」より大事なこと―

さまざまな防災グッズを紹介してきましたが、じつは防災対策にはもっと大事なことがあります。それは「建物対策」と「インテリア対策」。たとえ非常持出袋（Ｐ48）があっても、役立つのは身の安全が確保できてから。その前に、家で大ケガをしたり死んでしまっては備えはムダに。まずは家そのものや、家の中を安全にすることが重要なのです。

何よりも、逃げられる時間を稼ぐこと

阪神淡路大震災では、倒壊した建物や家具の下敷きになり、多くの人が亡くなりました。建物だけでなく、ＴＶ、本棚など、家の中のすべてが凶器になると肝に銘じておきましょう。

とはいえ、家の対策は倒壊を防ぐことだけが目的ではありません。ほかにも「深刻なケガを防ぐ」「避難所生活をせずにすむ」「日常への復旧が早くなる」といったメリットもあります。なお、水害で家のなかが浸水すると、冷蔵庫や畳ですら水に浮いて避難の妨げになりますが、対策をしていれば安全に避難する時間を稼ぐこともできます。

✷家の防災対策で、こんなに安心✷

○深刻なケガを防ぐ

家具やガラスでのケガを防ぎます。とくに、ガラスで足の裏を切ると、なにかと歩く被災生活は乗りきれません！

○避難所生活をせずにすむ

ものの散乱が少なければ、プライバシーもない過酷な避難所生活ではなく、わが家で被災生活ができます。

○生活復旧や再建が早い

ものの散乱が少なければ、復旧作業も早く終わり、仕事復帰や再就職など、日常への第一歩に早めに踏み出せます。

家の強度が不安な人は耐震診断を受けよう
―昭和56年以前の木造住宅は要注意！―

現在、国が「災害に弱い家」として、耐震診断を推奨している住宅は、1981年（昭和56年）5月31日以前に着工された木造住宅です。そのような家にお住まいなら、まず左ページにある「簡易耐震診断」を行ってみましょう。

わが家の耐震性が低かったら？

簡易診断の結果がよくない場合は、専門家による「一般耐震診断」に進みますが、たいていの地域では、公的な助成制度により、格安で診断を受けられます。

まずは役所に問い合わせましょう。そうするなら手順や費用、また信頼できる登録業者を紹介してもらえるので安心です。

耐震診断補強の考え方

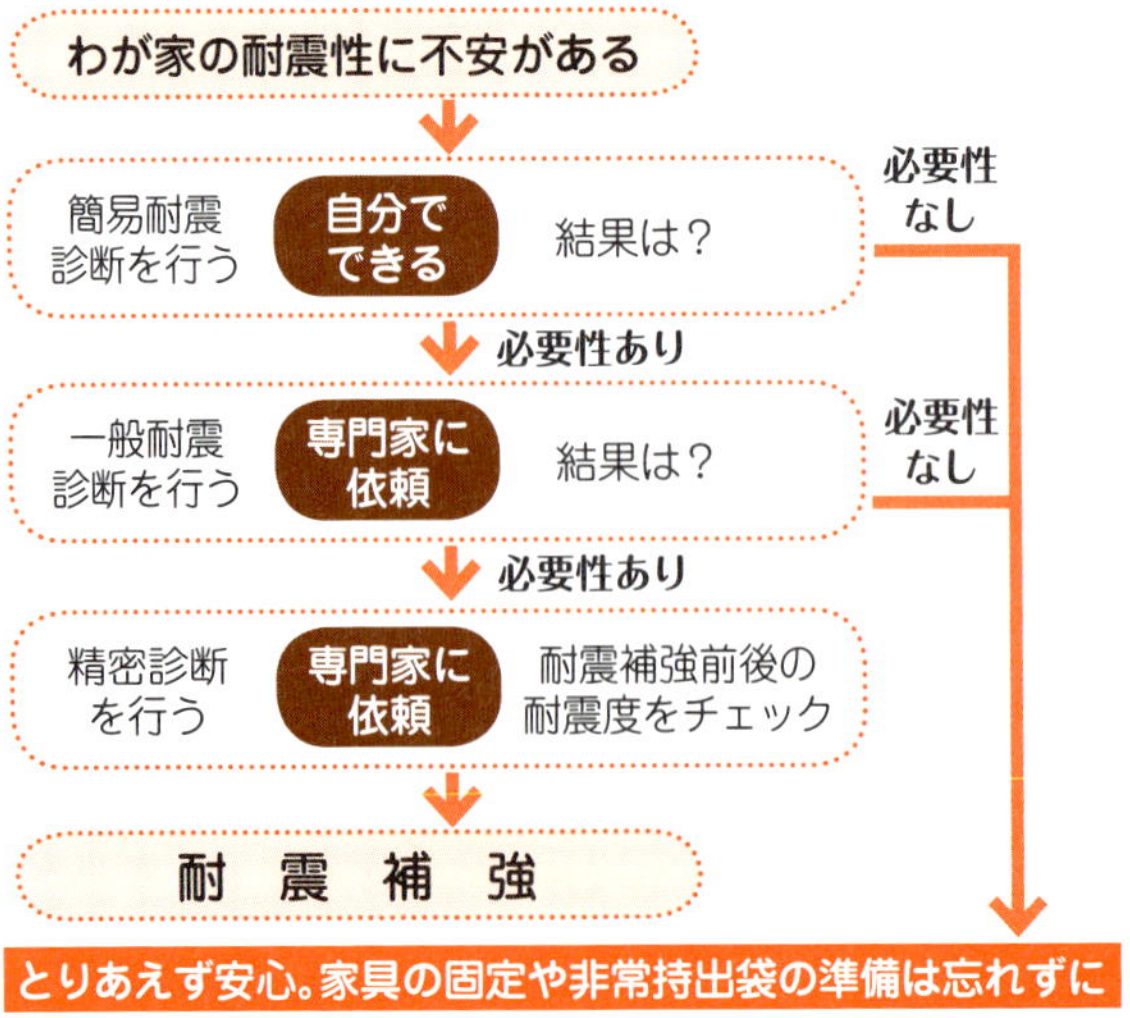

✳自分でできる簡易耐震診断に挑戦！✳

問診１～10にある該当項目の評点を、評点の□欄に記入してください。（たとえば、問診１の場合、ご自宅を新築したのが1985年でしたら、評点１となり、評点の□欄に１と書き込みます）

問診1

建てたのはいつ頃ですか？

項目	評点
建てたのは1981年６月以降	1
建てたのは1981年５月以前	0
よくわからない	0

評点 □

説明　1981年６月に建築基準法が改正され、耐震基準が強化されました。1995年阪神淡路大震災において、1981年以降建てられた建物の被害が少なかったことが報告されています。

問診2

いままでに大きな災害に見舞われたことがありますか？

項目	評点
大きな災害に見舞われたことがない	1
床下浸水・床上浸水・火災・車の突入事故・大地震・ガケ上隣地の崩落などの災害に遭遇した	0
よくわからない	0

評点 □

説明　ご自宅が長い風雪のなかで、床下浸水・床上浸水・火災・車の突入事故・大地震・ガケ上隣地の崩落などの災害に遭遇し、わずかな修復だけで耐えてきたとしたならば、外見ではわからないダメージを蓄積している可能性があります。この場合専門家による詳しい調査が必要です。

問診3

増築について

項目	評点
増築していない。または、建築診断など必要な手続きをして増築を行った	1
必要な手続きをして増築し、または増築を２回以上くりかえしている。増築時、壁や柱を一部撤去するなどした	0
よくわからない	0

評点 □

説明　一般的に新築してから15年以上経過すれば増築を行う事例が多いのが事実ですが、その増築時、既存部の適切な補修・回収、増築部との接合をきちんと行っているかどうかがポイントです。

問診 4

評点

傷み具合や補修・改修について

項目	評点
痛んだところはない。または、痛んだところはその都度補修している。健全であると思う	1
老朽化している。腐ったり白アリの被害など不都合が発生している	0
よくわからない	0

説明　お住まいになっている経験から、建物全体を見わたして判断してください。屋根の棟・軒先が波立っている、柱や床が傾いている、建具の建てつけが悪くなったら老朽化と判断します。また、土台をドライバーなどの器具で突いてみて「ガサガサ」となっていれば腐ったり、白アリの被害にあっています。特に建物の北側と風呂場まわりは念入りに調べましょう。白アリは、梅雨時に羽アリが集団で飛び立ったかどうかも判断材料になります。

問診 5

評点

建物の平面はどのような形ですか？（1階の平面形状に着目します）

項目	評点
どちらかというと長方形に近い平面	1
どちらかというとＬの字・Ｔの字など複雑な平面	0
よくわからない	0

説明　整形な建物は欠点が少なく、地震に対して建物が強い形であることはよく知られています。反対に不整形な建物は地震に比較的弱い形です。そこでまず、ご自宅の１階平面図が大まかに見て、長方形もしくは長方形とみなせるか、Ｌ字型・コの字型など複雑な平面になっているのか選びとってください。現在の建物は凹凸が多く判断に迷うところですが、ア）約91㎞（３尺）以下の凹凸は無視しましょう。イ）出窓・突出したバルコニー・柱つき物干しバルコニーなどは無視します。

問診 6

評点

大きな吹きぬけがありますか？（1辺の長さが4.0m以上かどうかに着目します）

項目	評点
１辺が４m以上の大きな吹きぬけはない	1
１辺が４m以上の大きな吹きぬけがある	0
よくわからない	0

説明　外見の形の整っている建物でも大きな被害があると、地震時に建物をゆがめる恐れがあります。ここでいう大きな吹きぬけとは一辺が４m（２間）をこえる吹きぬけをいいます。これより小さな吹きぬけはないものとあつかいます。

問診7

1階と2階の壁面が一致しますか？（ご自宅が枠組壁工法の木造〈ツーバイフォー工法〉なら、評点1とします）

項目	評点
2階壁面の直下に1階の内壁または外壁があるまたは、平屋建である	1
2階外壁の直下に1階の内壁または外壁がない	0
よくわからない	0

評点

説明　2階の壁面と1階の壁面が一致していれば、2階の地震力はスムーズに1階壁に流れます。2階壁面の直下に1階壁面がなければ、床を介して2階の地震力が1階壁に流れることとなり、床面に大きな負荷がかかります。大地震時には床から壊れる恐れがあります。枠組壁工法の木造（ツーバイフォー工法）は床の耐力が大きいため、2階壁面の直下に1階壁面がなくても、評点1とします。

問診8

壁のバランスがとれていますか？（1階部分の外壁に着目します）

項目	評点
1階外壁の東西南北どの面にも壁がある	1
1階外壁の東西南北各面のうち、壁がまったくない面がある	0
よくわからない	0

評点

説明　壁の配置が片寄っていると、同じ木造住宅のなかでも壁の多い部分は揺れが小さく、壁の少ない面は揺れが大きくなります。そして揺れの大きい部分から先に壊れていきます。ここでいう壁とは約91cm（3尺）以上の幅をもつ壁です。せまい幅の壁はここでは壁とみなしません。

問診9

屋根葺材と壁の多さは？

項目	評点
瓦など比較的重い屋根葺材であるが、1階に壁が多い。または、ストレート・鉄板葺など比較的軽い屋根葺材である	1
和瓦・洋瓦など比較的重い屋根葺材で、1階に壁がない	0
よくわからない	0

評点

説明　瓦は優れた屋根葺材のひとつです。しかし、やや重いため採用する建物ではそれに応じた耐力が必要です。耐力の大きさはおおむね壁の多さに比例しますので、ご自宅は壁が多いほうかどうか判断してください。

問診10

どのような基礎ですか？

項目	評点
鉄筋コンクリートの布基礎またはベタ基礎・杭基礎	1
その他の基礎	0
よくわからない	0

評点

説明　鉄筋コンクリートによる布基礎・ベタ基礎・杭基礎のような堅固な基礎は、その他の基礎とくらべて同じ地盤に建っていても、また同じ地震に遭遇しても丈夫です。改めてご自宅の基礎の種別を見直してください。

✱判定✱ 問診１～10の評点を合計します

評点の合計	判定・今後の対策
10点	ひとまず安心ですが、念のため専門家に診てもらいましょう
8～9点	専門家に診てもらいましょう
7点以下	心配ですので、早めに専門家に診てもらいましょう
評点合計	

※ご注意
この診断では地盤については考慮していませんので、ご自宅が立地している地盤の影響については専門家におたずねください。

□この診断の目的

この耐震診断は、ご自宅の耐震性能の理解や耐震知識の習得をすすめていただき、耐震性の向上を図るための耐震改修に向けて、より専門的な診断を行う際の参考にしていただくことを目的につくられました。お住まいになっている住宅について、住んでいる方がご自身で住宅の耐震診断を行い、住宅のどのようなところに地震に対する強さ、弱さのポイントがあるかなどがわかるようにできています。

□対象住宅

この診断の対象としている住宅は、1～2階建ての一戸建木造住宅(在来軸組構法、枠組壁工法［ツーバイフォー工法］)などで店舗・事務所などを併用する住宅を含みます。

※この簡易耐震診断は、国土交通省住宅局監修／（財）日本建築防災協会編集『誰でもできるわが家の耐震診断』を許可を得て転載したものです。

まずは家具の固定とガラスの飛散防止を
―倒れたり、動いた家具で命を落とさないために―

家の補強が大事なのはわかったけど、何をどうすればよいのかわからない…そんな人にはまず家具の固定とガラスの飛散防止対策をおすすめします。対策箇所は、まず、生活導線沿いの、腰より高い家具から始めるとよいでしょう。

さらに、家具の固定が役立つのは地震のときだけではありません。水害で家の中に浸水した際、家具が浮いて避難の妨げになったり、ケガをしてしまったり、危険なケースが多々あります。

大がかりな改修をせずとも防災対策はできる

賃貸だから壁や柱に穴を開けられないという場合は、「つっぱり式固定具」が役立ちます。しかし意外に正しく使えていないケースも。次に、インテリアの防災対策を紹介します。

阪神・淡路大震災の犠牲者の8割が圧死、窒息死だった

●犠牲者の死因

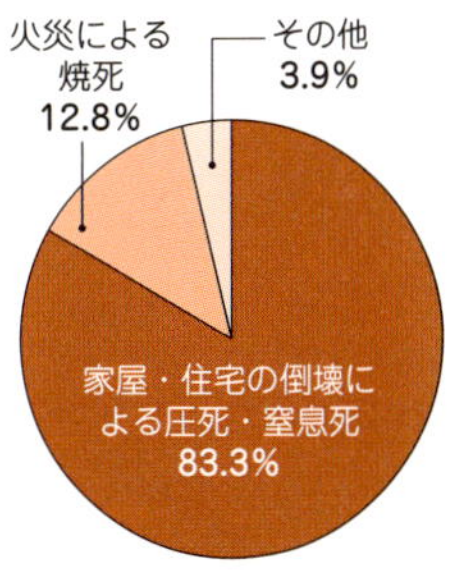

●推定死亡時刻

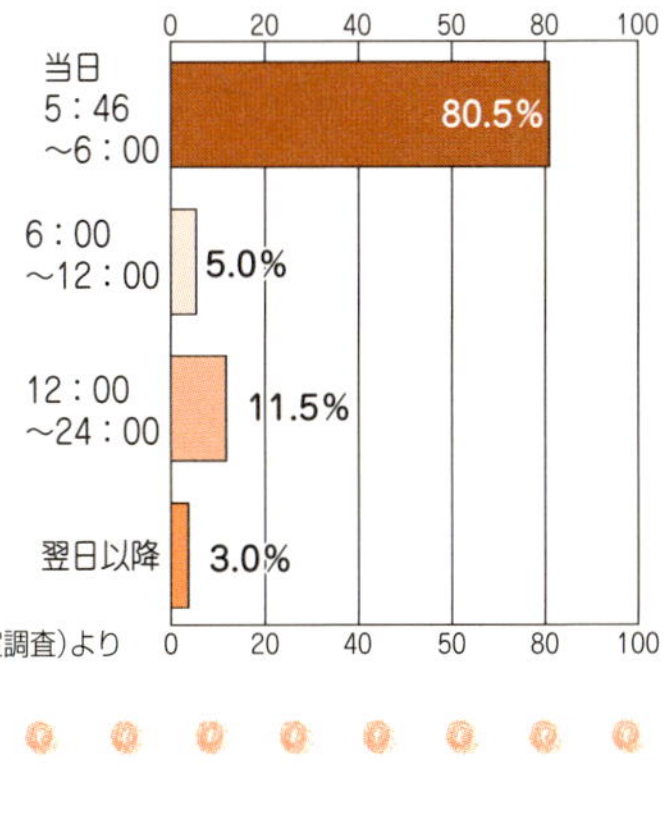

※データはいずれも「神戸市内における検死統計」（平成7年兵庫県観察医務室調査）より

✱インテリアの対策は、こうすればいい✱

○つっぱり式固定具は家具の上面・壁側に

必ず家具の上面・壁側につけます。手前側は、転倒時に天井とのすき間が広がるため、スポッと落ちて効果なし（CG 参照）。壁側は転倒時に天井側へ上がるため、固定具がつっぱって力を発揮します。

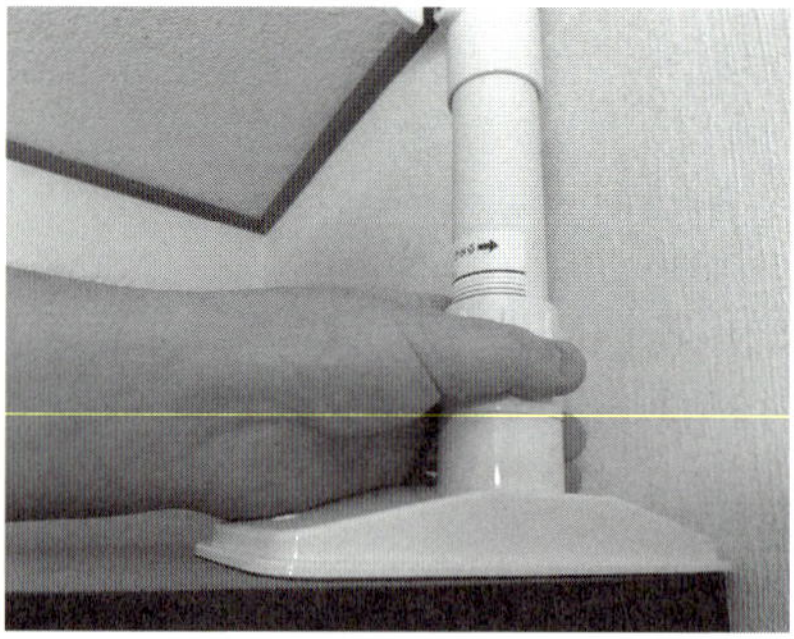

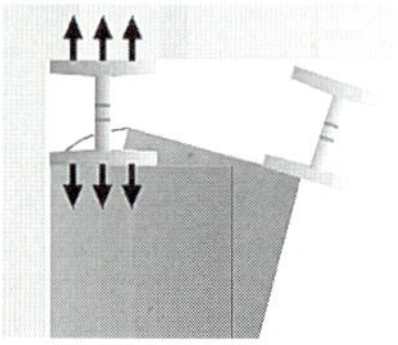

遮音性を利点に使われる「二重天井」などのつり天井は、力がかけられず、つっぱり式固定具が使えません。鉄筋コンクリート造や鉄骨造の家に多く、天井を押してフワフワしたら可能性大です。

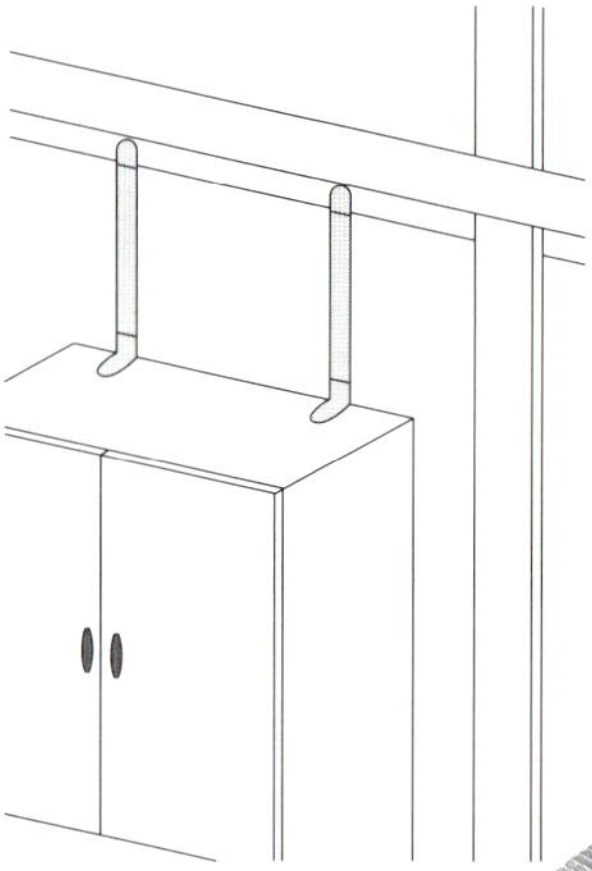

○背の低い家具には「固定ベルト」を

背の低い家具には、強化繊維製の「固定ベルト」が便利。天井からではなく床側から伸ばして固定します。冷蔵庫は上部壁側に固定ベルトを通す部品が付いているので、こちらもベルトで固定を。

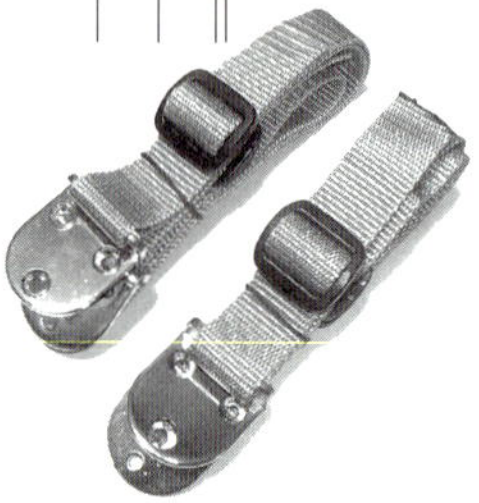

カラーボックスなどの家具によくあるプリント化粧合板は、枠の部分以外は中身が空洞です。このような一枚板ではない家具に固定具をとりつける場合は、頑丈な枠の部分につけましょう。

○手軽な敷くタイプの固定具は補助的に

「転倒防止安定板」は、家具の前面の下に敷いて、揺れによる家具の一人歩きを軽減します。固定ではなく倒れにくくするものなので、あくまで補助的に使いましょう。

家具の底に貼って、倒れるのを防ぐ「耐震粘着マット」も、床がカーペットや畳などだと効果は大幅ダウン。敷くタイプの固定具は、上部の固定と合わせ技で補助的に使うのが正解です。

○飛散防止シートは自分側に貼る

「飛散防止シート」はガラスの飛び散りを防ぐ優れもの。貼るときのポイントは、食器棚でもガラスでも、自分に面した側に貼ること。可能なら枠から外し、ガラス全面に貼ると強度がアップします。

阪神淡路大震災でも多発しましたが、床に飛散したガラスを踏むと、足の裏に大ケガを負って、避難やその後の被災生活が困難に。筆者も被災宅の片付けではガラス片に難儀しました。

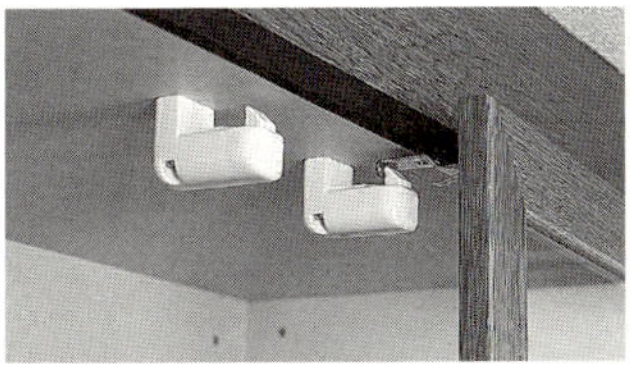

○食器棚には耐震ラッチや開き止め

本体が倒れなくても、揺れで扉が開けば、中身が飛び出します。割れ物を収める家具には、本体の固定に加えて、揺れを感知してロックがかかる耐震ラッチを、扉に付けましょう。

チェーンや掛け金を開き戸に付けるようすすめる、自治体のマニュアルも多いですが、中から飛び出す力に耐えられません。吊り戸棚など、重いものを入れる開き戸には、開き止め金具を。

固定できないなら、倒れてもいい配置を考える
―家具の置き場を決める―

前のページでさまざまな家具の固定方法を紹介しましたが、「賃貸住宅で壁に加工できない」「つっぱり棒がきかない」「古民家など構造上固定できない」などといったケースもあるかもしれません。そんなときは考え方を切り替えて、「倒れてもいい配置」や「背の高い家具を置く部屋と置かない部屋に分ける方法」を考えてみるのも一案です。

重要なのは、ケガなく安全に避難できること

家の防災で一番重要なことは、家族の安全を確保すること。家具は倒れたとしても、ケガをすることなく安全に避難できればいいんです。次のページに「部屋の中で倒れてもいい場所」の見極めポイントを紹介するので、チェックしてみてください。

✱家具の置き方のポイント✱

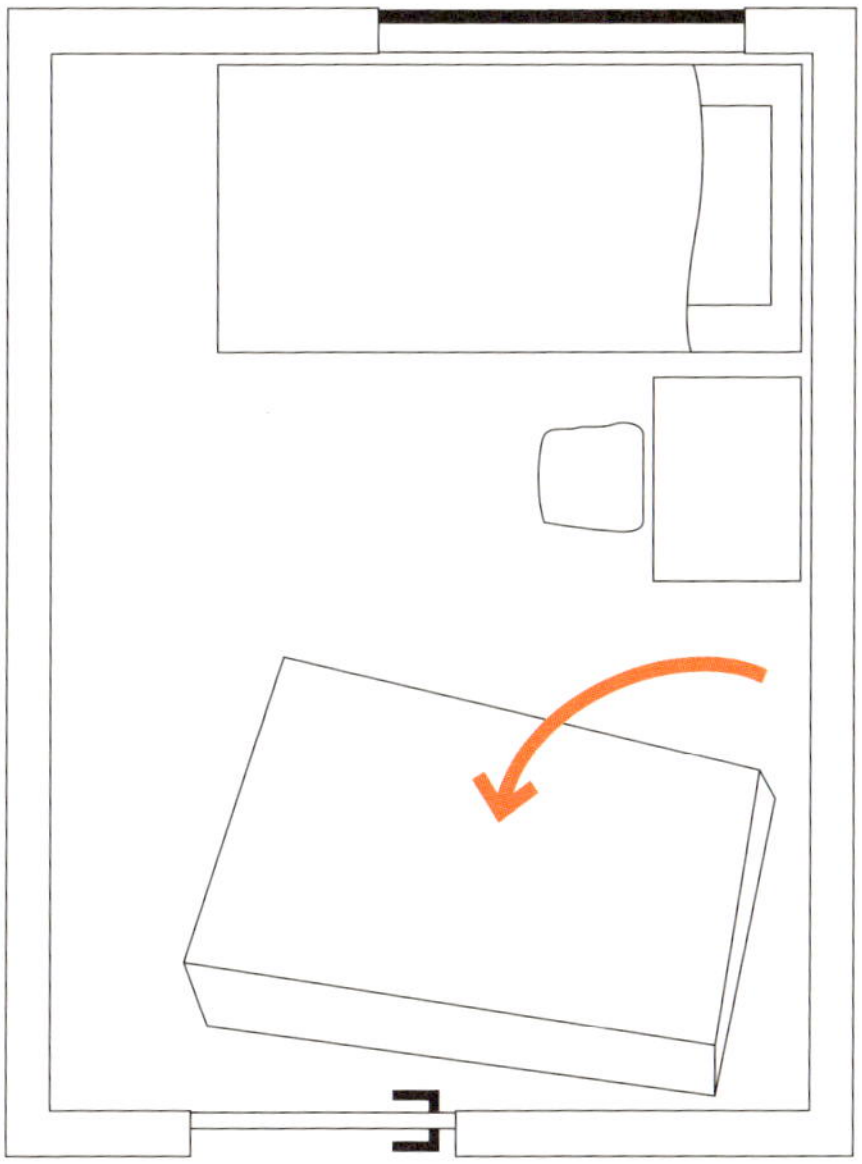

出口をふさぐ配置をしない

押しつぶされなかったとしても、倒れた家具が部屋の出口をふさぎ、避難路を絶たれてしまう場合も。とくに、高層マンションなどに住んでいる人は注意。

空間ができるように置く

背の高い家具同士を向かい合わせに置き、家具が倒れても、完全に倒れず空間ができるようにすると安全です。

人のいる場所に倒れない配置

普段座ったり寝るような、長い時間を過ごす家族の「定位置」には、背の高い家具が倒れかからないような配置を。

滑車付きの家具は要注意！

ピアノのような重量のあるものでも、滑車の付いている家具は地震の揺れで大きく横滑りします。家具に挟まれないように！

こんなところにも危険が潜んでいる
―エクステリア（外装）の防災対策―

次は家の外まわりに目を向けてみましょう。というのも、崩れた屋根瓦などが、災害時には凶器となる恐れがあるからです。１９７８年の宮城県沖地震では、16人の犠牲者のうち、11人もの人がブロック塀の下敷きで死亡しました。外に避難した家族や、家の周りを避難する人を傷つけないためにも、時々チェックしておきましょう。

いろんな補助制度も活用できる

老朽化したブロック塀の撤去や改修をしようにも、費用面でなかなか手が出ない。そんな方には、自治体の「ブロック塀改修補助制度」がおすすめ。補助対象にならない、制度自体がない場合は、緑化推進のための「生け垣補助制度」を流用して、費用を抑えて行えます。まずは、役所の防災課や建築課にご相談を。

エクステリアを凶器にしないために

ブロック塀

人の面積のブロック塀（幅80㎝×高さ160㎝）でも、重さは約350㎏！　倒れてきたらただではすみません。補強するか、フェンスや生け垣に改修を。

屋根瓦

地震や突風で、壊れて落ちる屋根瓦は凶器です。ずれた瓦から雨漏りするため、古い土ぶき工法の屋根などは、瓦の補修や軽量瓦に改修を。

プロパンガスのボンベ

ガスボンベの固定が甘いと、地震で倒れたり、水害や津波で流されて危険です。補強や改修が必要なら、ガス業者に相談しましょう。

車を使うなら、こんな知恵が必要
―マイカー避難のメリット&デメリットとは?―

過去の様々な災害後、避難所に入れない人や自宅を離れられない事情がある人々がマイカーでの被災生活をしてきました。私も経験していますが、被災地での車中泊はメリットとデメリットが極端です。数日以上のマイカー生活をある程度快適にするためには、事前の備えをしっかりする必要があります。

メリットも多いが、使い方に注意!

移動可能な独立した生活環境であるマイカーなら、家に残した家財やそれを狙う窃盗への不安もなく、自宅周辺で被災生活ができるメリットが。ただ、鉄板の車体は断熱材もないので、夏冬は冷暖房が必須。1時間のアイドリングで約1ℓ弱の燃料を消費するので、給油の確保や、以下の点に気をつけましょう。

マイカー利用の前に、これだけは知っておこう

メリット

独立した生活環境

雨風をしのげ、車内照明や冷暖房が使え、カーラジオやテレビで情報入手も可能。荷物置き場もあり、独立した生活環境が手に入ります。

電気製品を使える

シガーソケットにDC/ACインバーターを繋げば、150W程度まで家電製品が使えます。ソケット専用の電気毛布やポットなどもあります。

家族事情にあった生活ができる

ペットや乳幼児、障がい者など、収容避難所のように、何かと周囲に気を使う必要がありません。わが家のペースで暮らせます。

デメリット

熟睡できない

多くの車は座席が平面にならず、眠りが浅くて日ごとに疲労が溜まります。熟睡を妨げる座席の段差は、タオルやマットなどで調整が必要です。

エコノミークラス症候群の可能性

狭い車中で長時間同じ姿勢だと、血栓ができ死に繋がるエコノミークラス症候群になることも。予防には、毎日の足の体操を。

トイレがない

車にトイレはありません。きちんと水分を摂って、エコノミークラス症候群を防止するためにも、組立式の簡易トイレと個室用テントを用意しましょう。

第4章

ラジオ、テレビ、携帯…情報の備えをする

「災害の発生源は？」「どこに逃げたらいいの？」。イザというときに命を守ってくれるのが情報です。通話困難なときでもつながる方法について習得を。

地元発信の災害情報を抑えておくと安心
―被害を軽くする情報との付き合い方―

「いますぐ避難したほうがいいの？」「どれくらい危険？」――災害時はなかなか自分の状況がつかめず、不安や心配が増すばかり。不安にかられてあわててしまうと、冷静な判断もできなくなって危険です！　災害時はテレビ、とくにラジオが主な情報源になります。積極的な情報の入手を心がけましょう。

身の回りの情報は地元発信のメディアを活用

しかし、NHKや主要キー局では、災害の全体像や被害の大きいエリアの情報ばかり。本当に知りたいわが家周辺の危険はわからず、気がつくと被害を受けて手遅れに……。そうならないよう、災害時の情報入手は「全国と地元のメディアの使い分け」が肝心です。

地方メディアとは、地元に根差したコミュニティFMやケーブルテレビなど。全国メディアでは、被害の全体像を把握する程度にして、災害時の情報入手は、おもに地元発信の災害情報をチェックし、家族の引き取りや連絡、避難準備などの決断に活かしましょう。

✳役立つ情報源✳

自治体からのお知らせでおなじみ

防災無線（同報無線）

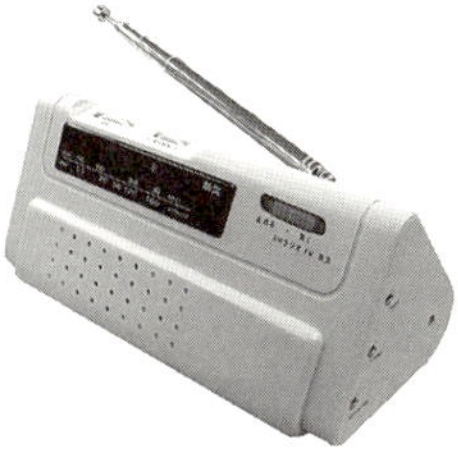

街中でこのようなスピーカーを見たことはありませんか？　これが全国の76%の地域で運用され、災害情報を流す防災無線。大雨のとき聞こえにくいので、戸別受信機を配付したり、ネットや電話で後から確認できたり、メール配信で知らせる自治体もあります。

被災時に地元密着の情報が入手できる

コミュニティFM局

コミュニティFM局とは、全国で開局し、2、30㎞程度のエリアをカバーする地域放送局。災害時は地元の災害・避難情報や被災生活情報のほか、災害対策本部や首長による緊急割込放送を流します。多くの地域で防災無線が壊れた際の予備手段となっているので、巻末のリストを見て、地元局を知っておきましょう。

（→放送局リストP99～に掲載）

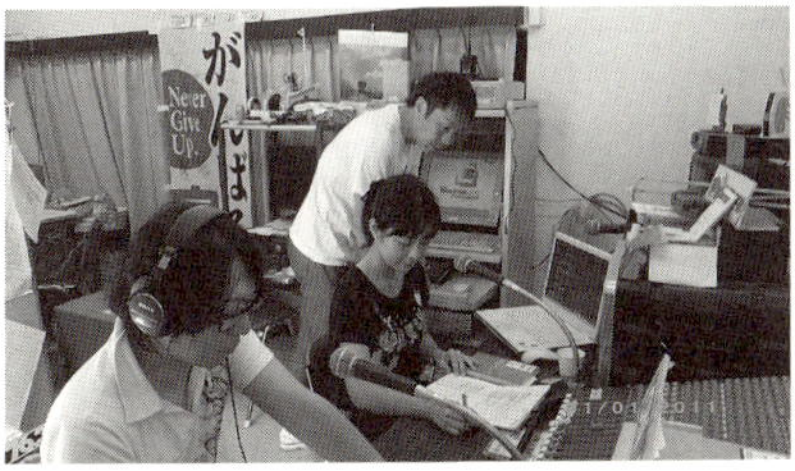

東日本大震災で塩釜市役所から臨時災害放送するBAY WAVE（塩釜FM）

高度な緊急地震速報も利用できる

ケーブルテレビ局

普段から地元情報を伝えるコミュニティチャンネルでは、災害時に地元自治体からの緊急情報を放送するほか、各地の雨量・河川水位などの災害状況や、町中・河川のライブカメラ映像などをリアルタイムで把握できます。また、わが家での揺れの大きさや到達秒数までわかる「緊急地震速報」を利用できる局が増えています。（→放送局リストP109～掲載）

東京電力発表 計画停電予定

4月8日（金）予定　　4月6日現在

停電時間帯	対象地域
9:20～13:00	第3 対象から外れました
15:20～19:00	第5-Dグループ
16:50～20:30 需要増加の場合に追加で実施	第3 対象から外れました
18:20～22:00	第1-Eグループ

上記時間帯のうち3時間程度停電

計画は変更される場合があります 詳しくは東京電力のHPでお確かめ下さい

CATVの24時間テロップ放送（画像提供／NVS）

リアルタイムで近所の危険がわかる 地元自治体の防災気象情報

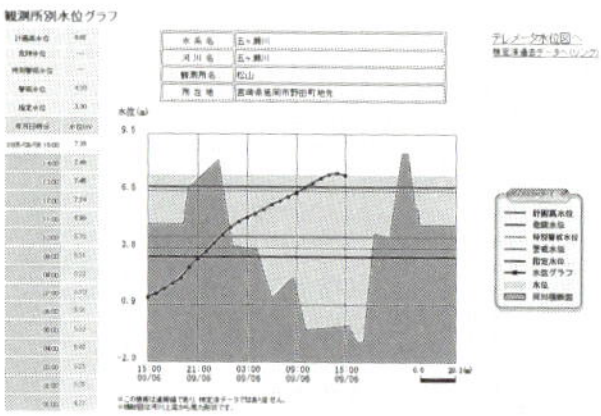

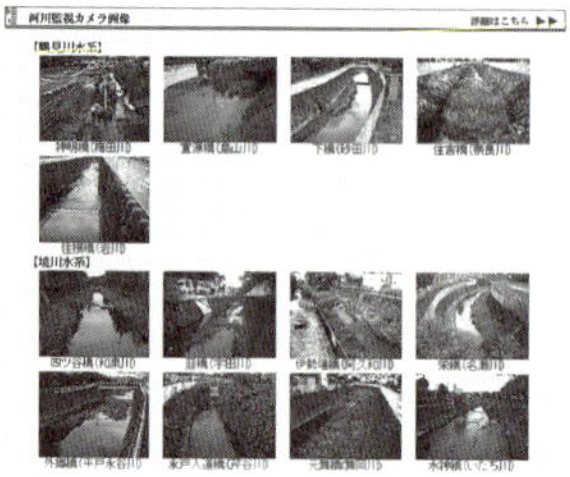

上は図とグラフで、下はライブカメラで川の様子を確認できます

テレビやラジオで伝えない、近所の雨量・水位・潮位・震度状況や、主要地点のライブ映像を、携帯・パソコン・音声案内で提供する自治体も増えています。なかには、「震度3以上を知らせる」などと設定すれば、設定基準になるとメール配信でお知らせする地域も。役所のサイトや広報紙で利用方法をチェックしましょう。

人に寄り添うぬくもりのあるラジオ

東日本大震災で地元のFMコミュニティ局はどんな情報を提供したのでしょうか？　そこには地域への想いがありました。

お話をうかがったのは…斉藤惠一(51)さん

1980年代に宮城・気仙沼にCATV局を設立。その後ローカル紙の発行を経て、今度は宮城・登米にコミュニティ放送局H@!(はっと)FMを社長兼局長として立ち上げた。

●震度6強

開局1周年を間近にした3月11日14時46分。突然、体が飛ばされるようなとんでもない揺れ。「ガシャーン」と突き破る衝撃音を生放送中のマイクが拾う。ここからスタッフは24時間態勢の長い戦いがまった。

●市民の頼り

宮城・登米は内陸で津波はないものの、震度6強を観測。被害は大きく、防災無線もダウン、テレビが伝える情報は停電で被害者には届かない。スタッフが交替で災害対策本部に張り付き、安否、電気などのインフラ、施設やお店の再開情報、救援物資の呼びかけ…余震と停電をくり返し不安な市民に地元情報を提供した。スタジオには避難所の名簿などを持ち込む住民が絶えない。

●極限状態の葛藤

斉藤局長自ら災害対策本部へ。平成の大合併で9つの町が一つとなった登米市は、支所連絡網が麻痺。思うように市民に情報を伝えられない。スタジオに戻れば泊まり込み24時間態勢で懸命に伝え続ける疲労困憊のスタッフたち。脳裏には気仙沼で行方不明の母・とく代（72）さんのこと……感情が渦巻くなか、使命感を貫き現場で陣頭指揮を執り続ける。

●災害FM立ち上げに奔走

気仙沼に戻ると長年勤め、築いたCATV局舎も斉藤さんの実家も津波で流失。「この町にも早く情報を伝えなければ」と市長に掛け合い、防災センター内に場所を確保、登米から気仙沼へ放送機材を運び災害FMを開局。H@!FMのアナウンサーも応援し24時間態勢で住民の安否、ライフラインの復旧状況など身近な情報を伝え、地元からは多くの反響があった。その後、南三陸町からも要請があり開局の応援。

「マスメディアは、その地域の本当に必要とする情報は伝えてはくれない。災害時こそ住民に寄り添うローカルメディアとして復興を支えたい」と斉藤さんは語った。

突然の地震に役立つ緊急地震速報の活用法
―揺れる前に、何をすればいい？―

平成19年から、地震でも大きな揺れが届く前に知らせてくれる「緊急地震速報」が始まりました。東日本大震災やその余震で、たびたび見聞きしたという方も多いのではないでしょうか。じつは、この緊急地震速報は世界初の技術なのです。

緊急地震速報は「地震予知」ではなく、発生した地震を、強い揺れが届く数秒から数十秒前に知らせる「地震直前警報」だと考えればよいでしょう。全国各地の地震計で検知した地震を、気象庁で自動解析し、気象業務支援センターを通じて、各地の放送局・自治体・配信事業者を経て、私たちに届きます。

警報を聞いたら、室内なら火を止め、身の安全をはかる、運転中ならゆっくりと路肩に停車するなど、数秒の猶予でも心構えと安全確保に役立ちます。

緊急地震速報のしくみ

全国4000か所の
観測網でキャッチ

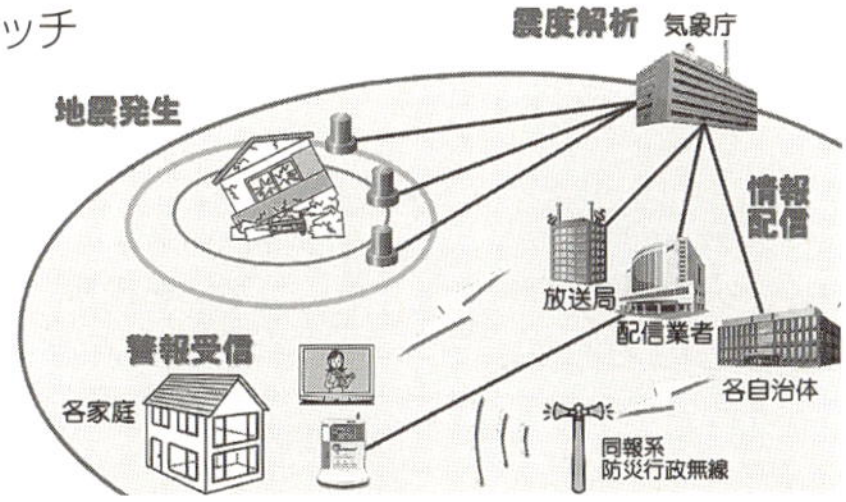

全国各地の地震計で検知した地震を、気象庁で自動解析。気象業務支援センターを通じて、各地の放送局・自治体・配信事業者を経て、各家庭に届きます。

緊急地震速報には２種類あります

一般向け緊急地震速報

最大震度５弱以上の揺れが予想される地震発生時に、テレビ・ラジオや、一部の携帯電話・防災無線・館内放送などを通じて出される無料の簡易速報。広い地域区分で出されるため、自分がいる場所の予想震度や猶予時間案内はありません。

有料の緊急地震速報だと震度や残り秒数もわかる！

武蔵野市役所 防災安全センター

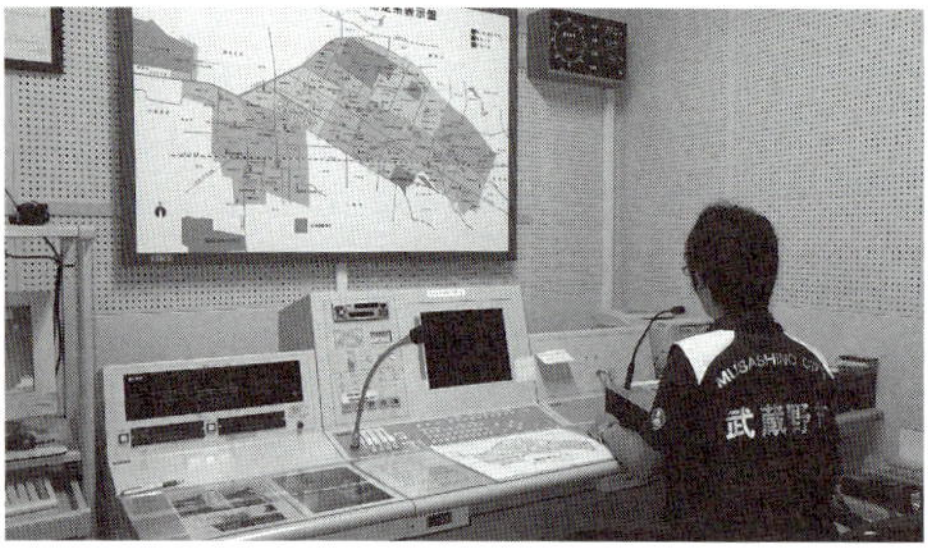

防災無線をCATVの緊急地震速報端末とFMに放送するシステム

JCN「大人の学校」より

設置場所の予想震度や猶予時間を、音声や画面表示で教えてくれるのが「高度利用者向け緊急地震速報」です。

専用の受信端末やパソコンのソフトウェアを利用するため、ケーブルテレビ会社などと契約する有料サービスですが、「地震到着まで○秒」などと表示されるため、より備えやすくなります。利用料金は、月額利用料や機器代など事業者によって異なるので、配信業者に問い合わせを。

電話がつながらない相手の無事を確認するには？

―安否連絡に役立つ災害用伝言ダイヤル171―

災害時は、電話回線が生きていても、安否連絡をする人がいっせいに通話するため回線が混雑します。たとえば東日本大震災では80～95％の発信規制がかかりました。そうしたときのために、混雑しない地域のセンターに自動的に繋がり、メッセージを預かるのが「災害用伝言ダイヤル171」です。

基本的に、音声案内に従えば簡単にできますが、注意点は、入力するのは被災した人の電話番号であること。171は被災地以外の地域や携帯電話からでも利用できますが、被災地域にいる人の固定電話番号を入力して使うしくみになっています。「習うより慣れろ」が一番なので、毎月の体験利用日にぜひ試してみましょう。

災害用伝言ダイヤルの仕様

開設基準	震度６弱以上の地震 他は回線混雑（輻輳）発生時
登録件数	状況に応じ１～10件まで
登録秒数	１伝言30秒以内
保存期間	48時間後自動消去
体験利用日	毎月１日、正月三が日 １／17含む防災とボランティア週間 ９／１含む防災週間

災害用伝言ダイヤル171の使い方

相手と連絡ができない！

171をダイヤル

録音は［1］

他人に聞かれないよう［3］で暗証番号を設定可能

被災者の固定番号

（自分または相手）

案内に従い録音

電話を切る

再生は［2］

暗証番号をかけた場合は［4］のあと暗証番号を入力

被災者の固定番号

（自分または相手）

案内に従い再生

（新しい順に再生）

電話を切る

文字で安否確認ができるWEB171

ネット接続可能な携帯電話やパソコンから、文字で伝言や写真・音声・映像データを預かるサービスです。

アドレスは　http://www.web171.jp

携帯電話の災害用伝言板はこうして使おう
―安否情報の登録・確認に―

音声通話よりも回線混雑に強いパケット通信を使った、携帯電話各社の災害用伝言板サービスは、安否情報の登録・確認ができる頼もしい手段です。それぞれ、震度6弱以上の地震や、その他の広域災害時に、臨時に開設されます。携帯電話のウェブ機能で、伝言板にアクセスし「○○にいます」などの安否情報を文字で登録することができます。登録情報は、PC・携帯会社を問わず検索ができるほか、事前にメールアドレスを登録しておけば、伝言登録時に、安否内容を相手にメールで送ってくれる機能もあります。どの携帯会社も毎月1日と15日、1月の防災とボランティア週間、9月の防災週間には、体験利用ができるので、ぜひ使って、メールアドレスも登録しておきましょう。

安否メッセージを登録するとお知らせメールが送られます

事前に設定しておくと、PC・携帯を問わず、お知らせメールが送られます。自分の携帯会社の災害用伝言板メニューから、知らせたい相手のメールアドレスを登録しておきましょう。

＊各携帯会社別・災害用伝言板の登録方法＊

NTT DoCoMo

1

「iMenu」のトップに表示される「災害用伝言板」を選択。

2

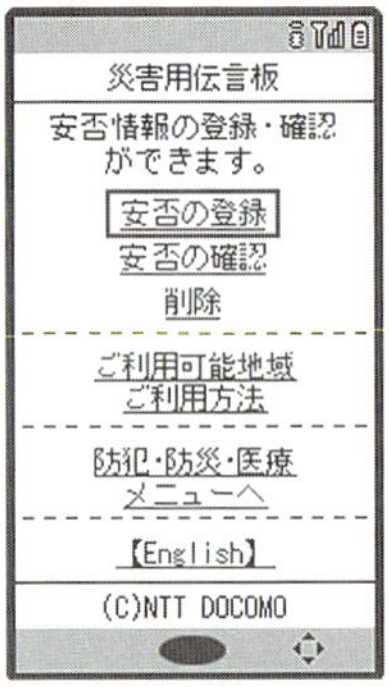

「災害用伝言板」の中の「安否の登録」を選択。

3

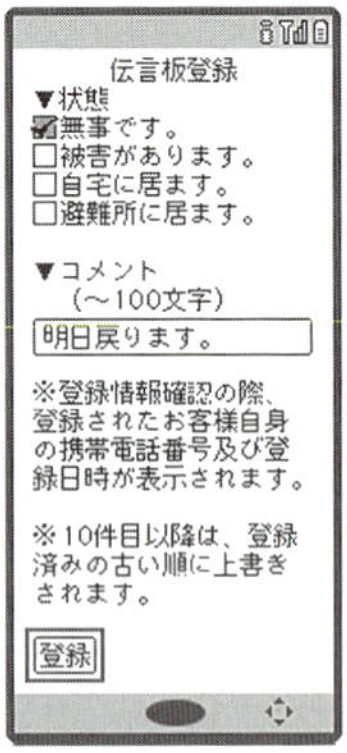

現在の状態について「無事です。」などの4つの中から選択し、任意で100文字以内のコメントを入力します。
※状態を選ばずにコメントのみの利用も可能。複数選択もできる。

4

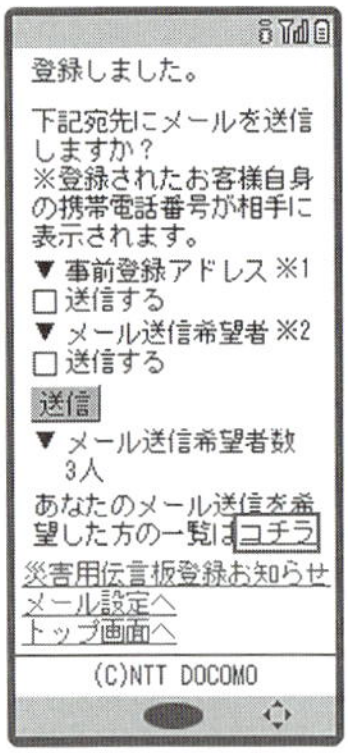

[登録]を押すと、伝言板への登録が完了。登録通知メールを送信する場合は、「送信」を押す。

※1 事前に送信先メールアドレスを設定している場合に表示される。
※2「登録お願いメール」を受信した場合に表示される。

5

メール送信希望者一覧画面

「あなたからのメール送信を希望した方の一覧はコチラ」の「コチラ」をクリックすると、メールの送信希望者一覧が表示される。

機能は、iモードご契約者で、かつ登録可能エリアにいる人のみ利用可能。ファミリー割引メンバーやスマートフォンでの登録方法は、ホームページ http://www.nttdocomo.co.jp/ を参照。

※メッセージは一つの災害でのサービスを終了するまで保存され、10件登録することが可能。

SoftBank

1

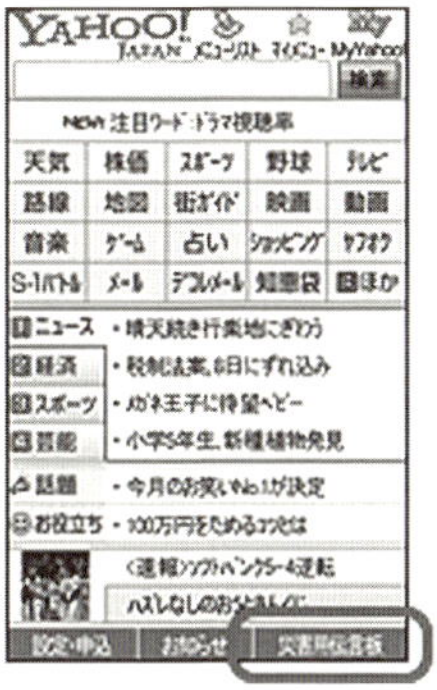

Yahoo! ケータイのトップから［災害用伝言板］を選択。

2

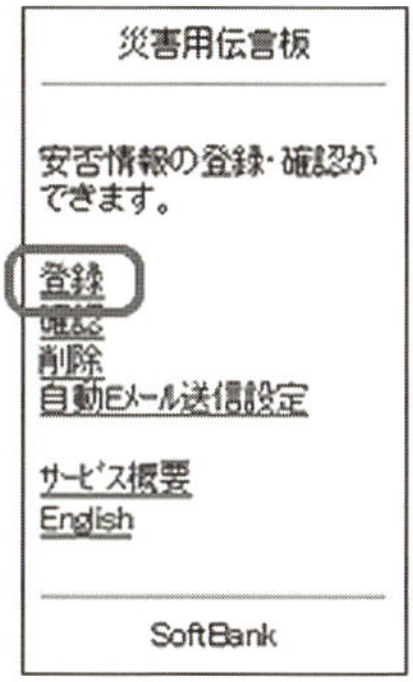

［登録］を選択。

3

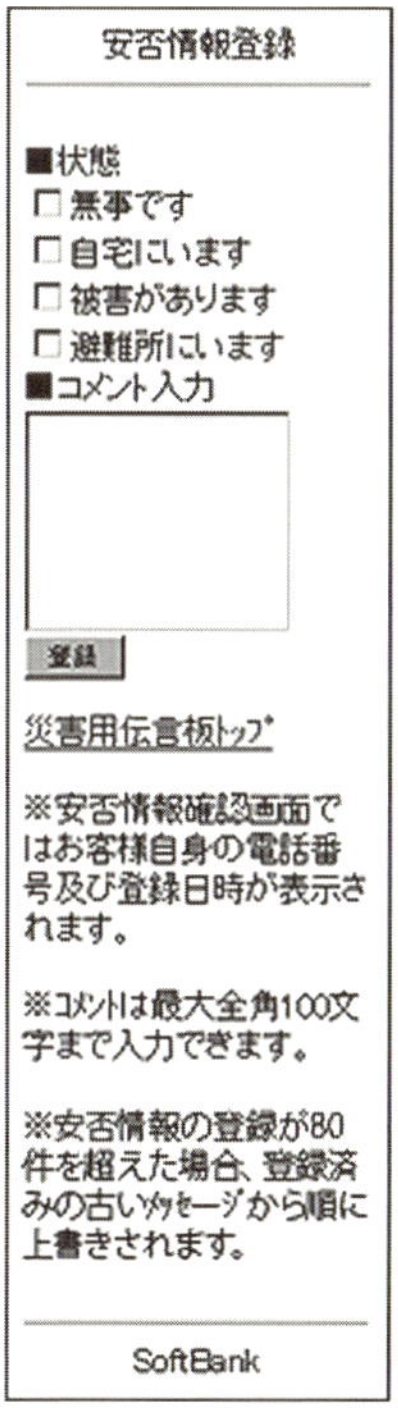

「無事です」など、4つのチェックボックスから選択。また複数選択やあわせて全角100文字以内のコメントを入力できる。

4

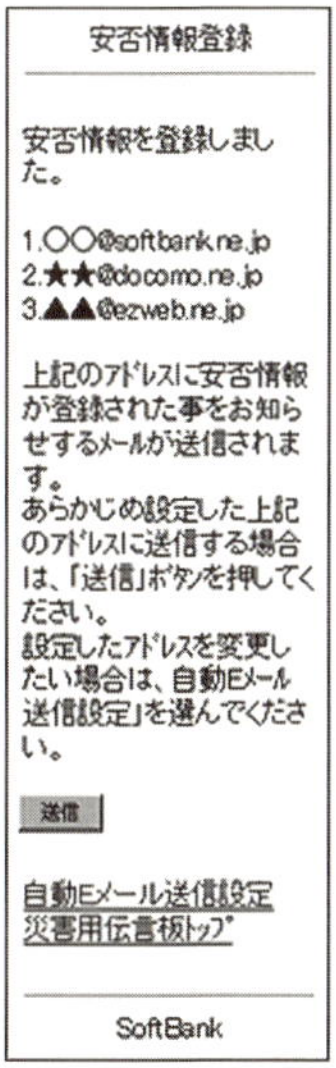

安否情報の登録が完了。このまま［送信］を押すと、設定したアドレスに安否情報が登録されたことがEメールで自動送信される。

5

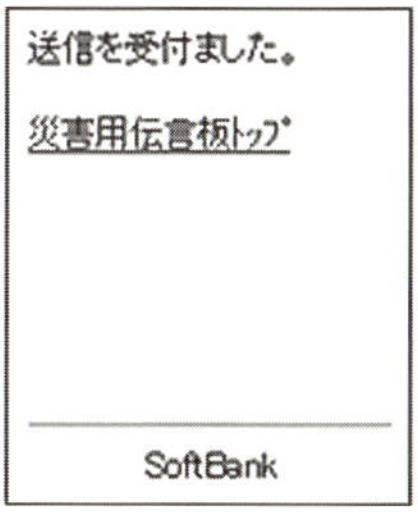

送信完了。

機能は、Yahoo！ケータイ対応機種で利用可能。iPhone や SoftBank での登録方法はホームページ http://mb.softbank.jp/mb/customer.html を参照。

au

1

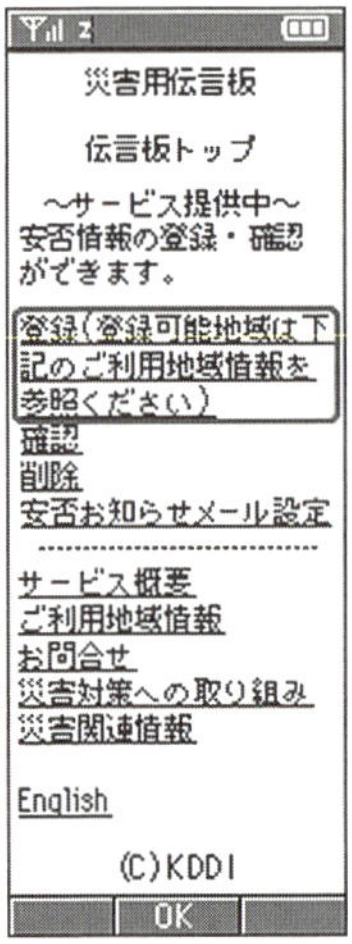

[登録] を選択。

2

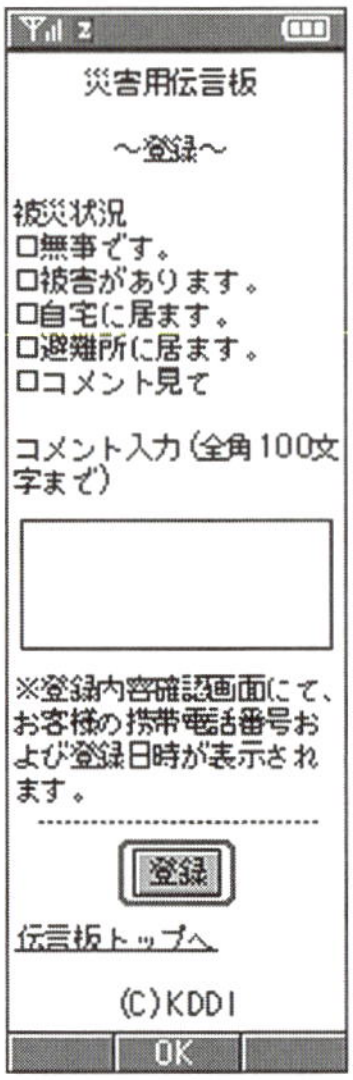

被災状況について５つのコメントの中から選択し、任意で 100 文字以内のコメントを入れて［登録］ボタンを押す。

3

安否情報の登録が完了したので、[送信] を選択すると、設定されたアドレスに安否情報を届く。

4

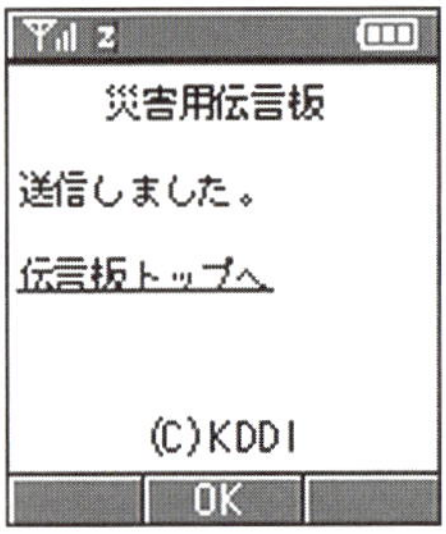

お知らせメール送信で登録完了。

スマートフォンなどでの登録方法はホームページ http://www.au.kddi.com/ を参照

携帯からソーシャルメディアで安否確認できる

Facebook や mixi などの SNS(ソーシャル・ネットワーキング・サービス) や、twitter などのミニ blog といったメディアも、安否確認やライフライン情報の収集に役立ってきました。様々な人からの投稿や、逆に自分の投稿を見て、安否確認や安否連絡に繋がることもあります。ただ、IT に疎い世代、存在や利用法を知らない人も多く、限界もあります。

おわりに

「助かるはずの命や資産を守る知恵」。防災という語感は難しいですが、平たく言えばそういうことだと思っています。「知恵」とあるように、膨大な知識やグッズで身を固めるのではありません。なぜなら、防災の知恵さえ持っていれば、将来、住む場所が変わっても、家族の形が変わっても、その時々に合わせて必要な備えができるからです。この本がそんな助けとして役立つことができれば、これほど嬉しいことはありません。

また、防災は「災害国日本に生きるマナー」でもあり、もっと大きな視点で見ると「自然との付き合い方」だとも思います。マナーや付き合い方と述べたとおり、肩肘張る必要はありませんが、いざというときに行えるよう、心の片隅にわきまえておくのが大事です。冒頭の、「（知っていれば、やっていれば）助かるはず」の命が災害で失われてしまう……これは自然災害というより人災ですし、だからこそ後悔もより一層深くなるものです。本書を手にした読者の皆様が、そのような苦い思いをしないで済むよう願っています。

この本は、ＪＣＮの番組プロデューサー、小澤さんの何気ないひとことから始まりました。このような形で番組や思いが形にできました。また本書の出版元、青春出版社の手島編集長、編集の仁岸さん。強行スケジュールのなか、やさしいタッチの一冊に仕上げてくれてありがとうございました。お礼を刻むとともに、本書を閉じさせていただきます。

これで防災対策は
バッチリ！

兵庫県
西宮市　さくら FM　78.7MHz
神戸市／長田区　FM わぃわぃ　77.8MHz
尼崎市　FM aiai　82.0MHz
三木市　エフエムみっきぃ　76.1MHz
伊丹市　ハッピーエフエムいたみ　79.4MHz
豊岡市　FM　JUNGLE　76.4MHz
宝塚市　ハミング FM 宝塚　83.5MHz
姫路市　FM GENKI　79.3MHz
加古川市　BAN － BAN ラジオ
(BAN-BAN Radio)　86.9MHz

岡山県
倉敷市　FM くらしき　82.8MHz
岡山市　レディオ モモ　79.0MHz
笠岡市　エフエムゆめウェーブ　79.2MHz

広島県
尾道市　エフエムおのみち　79.4MHz
広島市／中区　FM ちゅーピー　76.6MHz
福山市　レディオ BINGO　77.7MHz
廿日市市　FM はつかいち　76.1MHz

山口県
宇部市　FM きらら　80.4MHz
下関市　COME ON ! FM　76.4MHz
萩市　FM　NANAKO　77.5MHz
周南市　しゅうなん FM　78.4MHz
防府市　FM わっしょい　76.7MHz
長門市　FM　AQUA（FM アクア）
87.8MHz

鳥取県
鳥取市　RADIO　BIRD　82.5MHz
米子市　“DARAZ　FM（ダラズエフエム）
79.8MHz

島根県
出雲市　FM いずも愛ステーション　80.1MHz

愛媛県
今治市　FM ラヂオバリバリ　78.9MHz

徳島県
徳島市　B － FM791　79.1MHz

香川県
坂出市　FM761　76.1MHz
高松市　Mandeganfm815　81.5MHz

高知県
高知市　ホエールステーション 762　76.2MHz

福岡県
久留米市　ドリームスエフエム　76.5MHz
築上郡築上町　スターコーン FM　76.7MHz

佐賀県
唐津市　FM からつ　86.8MHz

長崎県
佐世保市　はっぴい！ FM　87.3MHz
島原市　FM しまばら　88.4MHz
諫早市　レインボー FM　77.1MHz

熊本県
熊本市　FM791　79.1MHz
八代市　Kappa　FM　76.5MHz
阿蘇郡小国町　グリーンポケット　76.5MHz

大分県
中津市　NOAS FM（ノース・エフエム）
78.9MHz

宮崎県
都城市　シティエフエム 764　76.4MHz
宮崎市　サンシャイン FM　76.1MHz

鹿児島県
鹿児島市　FRIENDS FM 762　76.2MHz

沖縄県
糸満市　FM たまん　76.3MHz
浦添市　FM21　76.8MHz
宮古島市　サザンウェーブ　76.5MHz
沖縄市　エフエムコザ　76.1MHz
中頭郡／北谷町　FM ニライ　79.2MHz
那覇市　エフエム　レキオ　80.6MHz
うるま市　ゆいまーるラジオ　86.8MHz

JAPAN COMMUNITY BROADCASTING ASSOCIATION

平塚市	FM 湘南ナパサ	78.3MHz
横須賀市	FM ブルー湘南	78.5MHz
鎌倉市	鎌倉 FM	82.8MHz
藤沢市	レディオ湘南	83.1MHz
川崎市／中原区	かわさき FM	79.1MHz
相模原市／中央区	エフエムさがみ	83.9MHz
大和市	FM やまと	77.7MHz
横浜市／青葉区	FM Salus（サルース）	84.1MHz
戸塚区	エフエム戸塚	83.7MHz
小田原市	FM おだわら	78.7MHz

山梨県

甲府市	エフエム甲府	76.3MHz

新潟県

新潟市／秋葉区	ラジオ　チャット	76.1MHz
新潟市／中央区	FM KENTO	76.5MHz
新発田市	ラジオ アガット	76.9MHz
南魚沼市	FM ゆきぐに	76.2MHz
燕市・三条市	ラヂオは～と	76.8MHz
上越市	FM- J	76.1MHz
新潟市／西蒲区	ぽかぽかラジオ	84.9MHz
十日町市	ほっこりラジオ	78.3MHz
柏崎市	FM ピッカラ	76.3MHz
長岡市	FM ながおか	80.7MHz

長野県

長野市	FM ぜんこうじ	76.5MHz
佐久市	エフエム佐久平	76.5MHz
諏訪市	エルシーブイ FM769	76.9MHz
東御市	FM とうみ	78.5MHz
軽井沢町	FM 軽井沢	77.5MHz
飯田市	i ステーション	76.3MHz

石川県

野々市町	FM － N1	76.3MHz
金沢市	ラジオかなざわ	78.0MHz
小松市	ラジオこまつ	76.6MHz
七尾市	ラジオななお	76.4MHz

富山県

高岡市	ラジオたかおか	76.2MHz
富山市	City － FM	77.7MHz
砺波市	エフエムとなみ	76.9MHz
黒部市	ラジオ・ミュー	76.1MHz

静岡県

浜松市	FM Haro ！	76.1MHz
静岡市／清水区	マリンパル	76.3MHz
三島市	ボイス・キュー	77.7MHz
静岡市／葵区	FM － Hi!	76.9MHz
伊東市	FM なぎさステーション	76.3MHz
沼津市	コースト FM	76.7MHz
富士市	Radio － f	84.4MHz
熱海市	Ciao!	79.6MHz
島田市	g － sky76.5	76.5MHz

岐阜県

高山市	Hits FM	76.5MHz
多治見市	FMPiPi	76.3MHz
岐阜市	FM わっち	78.5MHz

愛知県

豊田市	ラジオ・ラブィート	78.6MHz
刈谷市	Pitch FM83.8	83.8MHz
岡崎市	FM おかざき	76.3MHz
豊橋市	エフエムやしの実	84.3MHz
瀬戸市	RADIO SAN － Q	84.5MHz
犬山市	まちの放送室	84.2MHz
東海市	メディアスエフエム	83.4MHz
名古屋市／中区	MID － FM761	76.1MHz
東海市	メディアスエフエム	83.4MHz

三重県

四日市市	ポートウェイブ	76.8MHz
名張市	エフエムなばり（なばステ）	83.5MHz
鈴鹿市	Suzuka Voice FM	78.3MHz

福井県

福井市	Radio あいらんど	77.3MHz

和歌山県

和歌山市	バナナエフエム	87.7MHz
田辺市	FM　TANABE	88.5MHz
西牟婁郡白浜町	FM ビーチステーション	76.4MHz

滋賀県

草津市	ロケッツ 785	78.5MHz
東近江市	ラジオスィート	81.5MHz

京都府

宇治市	FM うじ	88.8MHz
京都市／伏見区	FM845	84.5MHz
綾部市	FM いかる	76.3MHz
福知山市	FM　CASTLE	79.0MHz

奈良県

生駒郡	エフエムハイホー	81.4MHz
奈良市	なら どっと FM	78.4MHz

大阪府

大阪市／中央区	YES － fm	78.1MHz
箕面市	タッキー　816	81.6MHz
八尾市	FM ちゃお	79.2MHz
枚方市	FM ひらかた	77.9MHz
大阪市／北区	Be Happy ！ 789	78.9MHz
堺市／東区	エフエムさかい	89.0MHz
豊中市	FM 千里	83.7MHz
守口市	FM HANAKO	82.4MHz

全国のコミュニティ放送局（FMラジオ）一覧表

※市町村名、ステーションネーム、周波数の順に明記

北海道

稚内市	FMわっぴ～	76.1MHz
名寄市	Airてっし	78.8MHz
留萌市	エフエムもえる	76.9MHz
北見市	FMオホーツク	82.7MHz
釧路市	FMくしろ	76.1MHz
帯広市	FM WING	76.1MHz
帯広市	FM JAGA	77.8MHz
旭川市	FMりべーる	83.7MHz
富良野市	ラジオふらの	77.1MHz
岩見沢市	エフエムはまなすジャパン	76.1MHz
標津郡／中標津町	FMはな	87.0MHz
滝川市	FM G 'Sky	77.9MHz
小樽市	FMおたる	76.3MHz
札幌市／中央区	ラジオ カロス サッポロ	78.1MHz
札幌市／豊平区	FMアップル	76.5MHz
札幌市／西区	三角山放送局	76.2MHz
札幌市／東区	さっぽろ村ラジオ	81.3MHz
根室市	FMねむろ	76.3MHz
北広島市	FMメイプル	79.9MHz
恵庭市	e－niwa（いーにわ）	77.8MHz
室蘭市	FMびゅー	84.2MHz
函館市	FMいるか	80.7MHz

青森県

むつ市	FM AZUR（アジュール）	76.2MHz
八戸市	Be FM	76.5MHz
南津軽郡田舎館村	FM JAIGO WAVE	76.3MHz
弘前市	FMアップルウェーブ	78.8MHz

山形県

山形市	ラジオ モンスター	76.2MHz
酒田市	ハーバーラジオ	76.1MHz

岩手県

盛岡市	ラヂオもりおか	76.9MHz
奥州市	奥州エフエム	77.8MHz
花巻市	FM　One	78.7MHz

宮城県

塩釜市	BAY WAVE	78.1MHz
石巻市	ラジオ石巻	76.4MHz
仙台市／泉区	FMいずみ	79.7MHz
仙台市／若林区	ラジオ3	76.2MHz
登米市	H@!FM（はっとエフエム）	76.7MHz
岩沼市	ほほえみ	77.9MHz

秋田県

秋田市	FM765	76.5MHz
秋田市	エフエム椿台	79.6MHz
湯沢市	FMゆーとぴあ	76.3MHz

福島県

喜多方市	エフエムきたかた	78.2MHz
本宮市	エフエムモットコム	77.7MHz
福島市	FMポコ	76.2MHz
いわき市	SEA WAVE FMいわき	76.2MHz
会津若松市	FM愛'S	76.2MHz

茨城県

水戸市	FMぱるるん	76.2MHz
つくば市	ラヂオつくば	84.2MHz
日立市	ひたちエフエム	82.2MHz
鹿嶋市	FM　かしま	76.7MHz
つくば市	ラヂオつくば	84.2MHz
日立市	ひたちエフエム	82.2MHz

群馬県

沼田市	FM OZE	76.5MHz
高崎市	ラジオ高崎	76.2MHz
太田市	エフエム太郎	76.7MHz
佐波郡玉村町	ラヂオななみ	77.3MHz
桐生市	FM桐生	77.7MHz

埼玉県

入間市	FMチャッピー	77.7MHz
さいたま市	REDS　WAVE	78.3MHz
朝霞市	すまいるエフエム	76.7MHz

千葉県

浦安市	FMうらら（FM U-LaLa）	83.6MHz
市川市	いちかわエフエム	83.0MHz
木更津市	BREEZE　RADIO	83.4MHz

東京都

渋谷区	SHIBUYA－FM	78.4MHz
葛飾区	かつしかFM	78.9MHz
調布市	ちょうふFM	83.8MHz
中央区	RADIO CITY	84.0MHz
世田谷区	FM　SETAGAYA	83.4MHz
江戸川区	FMえどがわ	84.3MHz
江東区	大江戸放送局	79.2MHz
武蔵野市	むさしのFM	78.2MHz
西東京市	エフエム西東京	84.2MHz

神奈川県

葉山町	湘南ビーチFM	78.9MHz

(株) 多久ケーブルメディア　☎ 0952-75-8585　多久市全域
(株) テレビ九州　☎ 0954-20-2580　嬉野町、山内町の一部
藤津ケーブルビジョン（株）　☎ 0954-66-2657　嬉野市塩田町、白石町（旧有明地区）、太良町、小城市小城町

長崎県

オクト・パルス（株）☎ 0957-54-3811　大村市内全域
九州テレ・コミュニケーションズ（株）　☎ 0956-25-6388　佐世保市全域、佐々町一部、福岡県春日市全域、大野城、太宰府、筑紫町、那珂川、志免、宇美、粕谷、須恵
(株) ケーブルテレビジョン島原 ☎ 0957-63-3456　島原市全域、南島原市深江町全域
(株) 長崎ケーブルメディア　☎ 095-828-0120　長崎市、西彼杵郡長与町、時津町ほぼ全域
西九州電設（株）　☎ 0957-37-6177　雲仙市、南島原市、島原市
福江ケーブルテレビ（株）　☎ 0959-74-5775　五島市（一部地域を除く）
対馬市 CATV　☎ 0920-54-8170　対馬市全域
平戸市ふるさと大島情報提供施設　☎ 0950-55-2511　平戸市大島村（旧大島村）

熊本県

天草ケーブルネットワーク（株）　☎ 0969-22-1311　天草市一部
熊本ケーブルネットワーク（株）(JCN 熊本)　☎ 0120-929-456　熊本市、益城町・菊陽町・合志市の各一部
八代ケーブルテレビ（坂本センター）　☎ 0965-45-8300

大分県

大分ケーブルテレコム（株）　☎ 097-542-1121　大分市全域、由布市、豊後大野市、国東市、九重町、臼杵市、竹田市
大分ケーブルネットワーク（株）☎ 097-558-3408　大分市一部（明野団地から東部一帯）
KCV コミュニケーションズ（株）☎ 0973-27-5001　日田市内中心部 75 町内
(株) ケーブルテレビ佐伯　☎ 0972-22-9811　佐伯市
佐賀関テレビ（株）　☎ 097-575-2110
大分市大字佐賀関、大字一尺屋、大字白木、大字志生木、大字本神崎、大字馬場、大字木佐上
CTB メディア（株）　☎ 0977-24-3553　別府市、日出町
臼杵市　☎ 0972-63-1111　臼杵市全域
日田市情報センター　☎ 0973-23-3111　日田市の一部

宮崎県

(株) ケーブルメディアワイワイ　☎ 0982-22-1500　延岡市、日向市、門川町
宮崎ケーブルテレビ（株）　☎ 0985-32-8585　宮崎市内、国富町、綾町
ビィーティーヴィーケーブルテレビ（株）　☎ 0986-27-1700　都城市、三股町、山之口町、高城町、山田町、高崎町、日南市、南郷町、財部町

鹿児島県

ビィーティーヴィーケーブルテレビ（株）　☎ 0986-27-1700　鹿児島市
鹿児島光テレビ（株）☎ 099-206-6800　鹿児島市
皇徳寺ケーブルテレビ（株）　☎ 099-264-6590　鹿児島市皇徳寺台・星ヶ峯地区
西之表テレビ共同聴視施設組合　☎ 0997-22-0195　鹿児島県西之表市
南九州ケーブルテレビネット（株）☎ 0995-43-0113　霧島市隼人町の一部、霧島市国分の一部、霧島市牧園町の一部、姶良市の一部
和泊町有線テレビ　☎ 0997-92-1111　和泊町全域

沖縄県

石垣ケーブルテレビ（株）　☎ 09808-3-0033　石垣市一部
沖縄ケーブルネットワーク（株）☎ 098-863-1115　那覇市、浦添市、宜野湾市、豊見城市、南風原町、西原町、北谷町、沖縄市（一部）、北中城村（一部）
宮古テレビ（株）　☎ 0980-72-3859　宮古全域

（株）ケーブルネットワーク西瀬戸 ☎ 0893-25-0212 大洲市・内子町
（株）四国中央テレビ ☎ 0896-24-0130 四国中央市の一部
西予 CATV（株） ☎ 0894-62-7811 野村町、宇和町、明浜町
（株）ハートネットワーク ☎ 0897-32-7777 新居浜市ほぼ全域、西条市の一部
今治市波方シーエーティーブィ ☎ 0898-41-7111 今治市波方町内全域
上島町 CATV（本局）☎ 0897-77-3951 越智郡上島町の弓削島、佐島、生名島及び岩城島全域
上島町 CATV（魚島支局） ☎ 0897-78-0011 魚島、高井神島
（財）八西地域総合情報センター ☎ 0894-38-2211 八幡浜市、西宇和郡、西予市三瓶町

徳島県

（株）池田ケーブルネットワーク ☎ 0883-72-3399 三好市池田町都市計画区域
石井町有線放送農業協同組合 ☎ 088-674-7667 石井町全域
エーアイテレビ（株） ☎ 088-692-8223 板野郡藍住町・板野町 各全域
ケーブルテレビ徳島（株） ☎ 088-655-4000 徳島市、神山町、佐那河内村、勝浦町、上勝町、美馬市、美波町、牟岐町、海陽町
テレビ阿波（株） ☎ 0883-55-0055 徳島県美馬市脇町の一部
（株）テレビ鳴門 ☎ 0886-85-7101 鳴門市の全域
徳島中央テレビ（株）☎ 0883-22-1501 吉野川市、小松島市
（株）ひのき ☎ 088-698-0811 北島町、松茂町、上板町
国府町 CATV ☎ 088-642-6050 徳島市国府町、入田町、一宮町、不動
三好市 ☎ 0883-72-7641 三好市（旧池田町の都市計画区域を除く）

香川県

香川テレビ放送網（株） ☎ 0877-46-5000 坂出市全域、綾歌郡宇多津町一部
（株）ケーブルメディア四国 ☎ 087-823-6000 高松市
中讃ケーブルビジョン（株） ☎ 0877-24-6111 丸亀市・多度津町、まんのう町 各全域
三豊ケーブルテレビ放送（株） ☎ 0875-24-1844 観音寺市、三豊市の一部
伊吹地区テレビ共同受信施設組合 ☎ 0875-29-2111 島内一円
さぬき市ケーブルネットワーク ☎ 0879-43-2514 さぬき市内

高知県

高知ケーブルテレビ（株） ☎ 088-880-1520 高知市、吾川郡いの町、南国市の各一部
香南施設農業協同組合 ☎ 0887-56-0102 香南市全域
よさこいケーブルネット（株） ☎ 0889-43-0050 須崎市市街地、吾桑、押岡、大谷、野見、深浦地域、塩間地域、鳴無地域、坂内地域、土佐市全域

福岡県

（財）北九州ケーブルビジョン ☎ 093-541-5544 北九州市小倉北区一部
（株）ケーブルネットワーク桂川 ☎ 0948-65-0217 桂川町全域、筑穂町一部
（株）CRCC メディア ☎ 0942-37-6411 久留米市、大川市、柳川市、鳥栖市
（財）福岡ケーブルビジョン ☎ 092-724-2300 福岡市中央区・博多区・東区・早良区・南区・城南区・西区 各一部
（株）ジェイコム九州 ☎ 092-201-1000 福岡市、古賀市、糟屋郡新宮町・粕屋町、糸島市、北九州市、遠賀郡水巻町・遠賀町・岡垣町、宗像市、福津市、中間市

佐賀県

有田ケーブルネットワーク（株）☎ 0955-43-2500 有田町（一部を除く）、西有田町、山内町一部
伊万里ケーブルテレビジョン（株） ☎ 0955-22-3506 伊万里市（一部除く）
鏡テレビ共同受信組合 ☎ 0955-77-2820 唐津市鏡山校区
（株）唐津ケーブルテレビジョン ☎ 0955-73-5460 唐津市街地
（株）ケーブルワン ☎ 0954-23-7511 武雄市、大町町、江北町、白石町須古地区
西海テレビ（株） ☎ 0955-28-2466 佐賀県伊万里市山代町および東山代町一部、長崎県松浦市今福町一部、および調川町
佐賀シティビジョン（株） ☎ 0952-24-3734 佐賀市、小城市

（株）ケーブルネットワーク金光 ☎0865-42-6880 金光町全域
玉島テレビ放送（株） ☎086-526-7075 倉敷市玉島地区（旧玉島市）、倉敷市船穂町
日生有線テレビ（株） ☎0869-72-0386 備前市日生町全域（諸島地区を除く）、穂浪の一部
鏡野町 ☎0868-52-2213 鏡野町奥津地域、富地域、上斎原地域全域
（財）久世エスパス振興財団 ☎0867-42-7205 真庭市

広島県

尾道ケーブルテレビ（株） ☎0848-24-0050 尾道市一部
（株）ケーブル・ジョイ ☎0847-45-0557 府中市・福山市新市町 各一部
（株）東広島ケーブルメディア ☎082-424-8800 東広島市一部開局
（株）ひろしまケーブルテレビ ☎082-256-1811 広島市、廿日市市、安芸郡府中町、安芸郡海田町の各一部
（株）ふれあいチャンネル ☎082-296-5550 広島県中区、西区、安佐北区、佐伯区、安芸区、廿日市市、安芸郡海田町
三原テレビ放送（株） ☎0848-63-8600 三原市一部、世羅町
豊浜多元情報システム ☎0823-67-1100 豊浜町全域
三原市ケーブルネットワーク ☎0848-64-2111 三原市本郷町・久井町
豊有線テレビジョン ☎0846-66-2131 豊町全域

山口県

（株）アイ・キャン ☎0827-22-5678 岩国市、玖珂郡和木町
Kビジョン（株） ☎0833-44-4936 下松市、光市、周南市熊毛、熊毛郡平生町、熊毛郡上関町
（株）シティーケーブル周南 ☎0834-21-2647 周南市（一部を除く）
萩ケーブルネットワーク（株） ☎0838-25-7400 萩市
山口ケーブルビジョン（株） ☎083-934-1234 山口市、防府市、宇部市、美祢市、阿東町
（株）ケーブルネット下関 ☎0832-91-1000 山口県下関市
長門市ケーブルテレビ ☎0837-23-1541 http://hot-cha.tv 長門市長門地域（旧長門市）、三隅地域（旧三隅町）、日置地域（旧日置町）、油谷地域（旧油谷町）
萩市総合情報施設旭総合情報センター ☎0838-25-3471 萩市旭地域全域
萩市総合情報施設川上総合情報センター ☎0838-25-3471 萩市川上地域全域
萩市総合情報施設むつみ総合情報センター ☎0838-25-3471 萩市むつみ地域全域
美祢市有線テレビ ☎0837-53-1649 美祢市 美祢地域

鳥取県

（株）中海テレビ放送 ☎0859-29-2211 米子市、日吉津村、境港市、伯耆町、日南町、南部町、大山町
鳥取中央有線放送（株）（本局） ☎0858-53-2565 東伯郡琴浦町、北栄町（旧大栄町）の全域
鳥取中央有線放送（株）（湯梨浜支局） ☎0858-53-2565 東伯郡湯梨浜町、北栄町（旧北条町）の全域
（株）鳥取テレトピア ☎0857-22-6111 鳥取市の一部
日本海ケーブルネットワーク（株） ☎0857-21-3202 鳥取市の一部・岩美町全域、倉吉市、三朝町全域
石見ケーブルビジョン（株） ☎0855-23-4883 島根県浜田市江津市
山陰ケーブルビジョン（株） ☎0852-23-2522 松江市全域（鹿島町を除く）
伯耆町有線テレビジョン放送 ☎0859-68-3113 伯耆町一部（旧溝口町エリア）

島根県

雲南市飯南町事務組合 ☎0854-62-9550 雲南市全域、飯石郡飯南町
邑南町ケーブルテレビ放送センター ☎0855-83-1125 島根県邑智郡邑南町
奥出雲町情報通信協会 ☎0854-54-2505 奥出雲町全域
島根県津和野町 ☎0856-74-0038 津和野町全域

愛媛県

今治CATV（株） ☎0898-22-0001 今治市全域
宇和島ケーブルテレビ（株） ☎0895-24-3939 宇和島市一部
（株）愛媛CATV ☎089-943-5001 松山市、砥部町、松前町、東温市

奈良県

近鉄ケーブルネットワーク（株） ☎0743-75-5511 生駒市、奈良市、平群町、四条畷市、王寺町、宇治市、城陽市、上牧町、河合町、大和郡山市、天理市、橿原市、大和高田市、香芝市、広陵町、安堵町、斑鳩町、桜井市、三郷町、川西町、三宅町、田原本町、葛城市、五條市

こまどりケーブル（株） ☎0743-75-5484 奈良市 五條市 宇陀市 山辺郡 山添村 宇陀郡 曽爾村 宇陀郡 御杖村 吉野郡 吉野町 吉野郡 大淀町 吉野郡 下市町 吉野郡 黒滝村 吉野郡 天川村 吉野郡 野迫川村 吉野郡 十津川村 吉野郡 下北山村 吉野郡 上北山村 吉野郡 川上村 吉野郡 東吉野村

コミュニティビジョン吉野 ☎0746-32-9090 吉野町全域

大阪府

（株）ケイ・キャット ☎072-857-8601 大阪府、京都府、兵庫県、滋賀県、奈良県、和歌山県、各市町村の一部

（株）全関西ケーブルテレビジョン（有田川局） ☎06-6201-3388 和歌山県有田川町清水地区

（紀の川局） ☎06-6201-3388 和歌山県紀の川市桃山地区

（京丹後局） ☎06-6201-3388 京都府京丹後市全域

（白浜局） ☎06-6201-3388 和歌山県白浜町日置、椿地区

（すさみ局） ☎06-6201-3388 和歌山県すさみ町全域

（株）ジェイコムウエスト ☎06-7850-5010

大阪府宝塚市、川西市、猪名川町、三田市、松原市、藤井寺市、八尾市、柏原市、羽曳野市、貝塚市、熊取町、泉佐野市、田尻町、泉南市、阪南市、岬町、堺市、大阪市阿倍野区、住吉区、天王寺区、東住吉区、平野区、生野区、和泉市、泉大津市、大阪狭山市、河内長野市、富田林市、箕面市、茨木市、摂津市、都島区、城東区、東成区、鶴見区、旭区、東淀川区、淀川区、中央区、北区、守口市・門真市・大東市・四條畷市・交野市・寝屋川市、京都府上京区、中京区、下京区、南区、北区、西京区、東山区、山科区、左京区、右京区、伏見区、向日市、長岡京市、大山崎町、和歌山県和歌山市、海南市、岩出市、紀の川市貴志川町

（株）テレビ岸和田 ☎0724-36-3636 岸和田市全域、忠岡町全域

吹田ケーブルテレビジョン（株） ☎06-6317-1671 吹田市

高槻ケーブルネットワーク（株） ☎072-672-1121 高槻市

東大阪ケーブルテレビ（株） ☎06-6746-3566 東大阪市

豊中・池田ケーブルネット（株） ☎06-6855-4450 豊中市、池田市

（株）ベイ・コミュニケーションズ ☎06-6450-1173 大阪市西部（福島区、西区、西淀川区、此花区、港区、大正区、住之江区、西成区、浪速区および中央区・北区の一部）、尼崎市、西宮市および伊丹市

兵庫県

（株）ケーブルネット神戸芦屋 ☎078-763-5010 神戸市東灘区、灘区、中央区、兵庫区、長田区、須磨区、垂水区、西区、北区、芦屋市、三木市

（株）明石ケーブルテレビ ☎078-911-7000 明石市全域

（株）淡路島テレビジョン ☎0799-25-2525 洲本市全域

BAN-BAN テレビ（株） ☎079-420-2527 加古川市、高砂市、稲美町、播磨町

姫路ケーブルテレビ（株） ☎079-282-2111 姫路市（夢前町・家島町除く）、揖保郡太子町、加西市一部、佐用郡佐用町、宍粟市、赤穂郡上郡町

朝来市ケーブルテレビ ☎079-677-1044 朝来市内

加東ケーブルビジョン ☎0795-42-8330 加東市全域

ケーブルネットワーク淡路 ☎0799-43-2345 南あわじ市

新温泉町ケーブルテレビジョン ☎0796-99-2080 新温泉町温泉地域

養父市ケーブルテレビジョン ☎079-663-2600 養父市全域開局済

岡山県

井原放送（株） ☎0866-62-8181 井原市、広島県福山市神辺町の一部

岡山ネットワーク（株） ☎086-805-0202 岡山市

笠岡放送（株） ☎0865-63-6181 笠岡市、里庄町、浅口市（鴨方町、寄島町）

（株）倉敷ケーブルテレビ ☎086-466-1717 倉敷市、総社市、玉野市、岡山市、早島町

知多メディアスネットワーク（株）　☎0562-33-7101　東海市、大府市、知多市、東浦町
中部ケーブルネットワーク（株）　☎052-858-2235　【愛知県】春日井市・小牧市・犬山市・名古屋市緑区・日進市・豊明市・東郷町・扶桑町・豊川市、【岐阜県】各務原市・八百津町・美濃加茂市・川辺町・白川町・養老町・本巣市、【三重県】川越町・朝日町・桑名市多度町
豊橋ケーブルネットワーク（株）　☎0532-56-1231　豊橋市、田原市、新城市
（財）名古屋ケーブルビジョン　☎052-917-2900　岐阜県七宗町（加茂郡）の一部、愛知県名古屋市、清須市、あま市、春日井市、江南市、尾張旭市の各一部、海部郡、西春日井郡の各一部
西尾張シーエーティーヴィ（株）　☎0567-25-8561　津島市、愛西市、あま市、弥富市、稲沢市（旧平和町）、清須市（旧新川町、清洲町）、海部郡蟹江町及び大治町の一部
ひまわりネットワーク（株）　☎0565-35-3311　豊田市、みよし市、長久手町
三河湾ネットワーク（株）　☎0533-69-7767　蒲郡市、幸田町
ミクスネットワーク（株）　☎0564-25-2402　岡崎市一円

三重県

（株）アイティービー ☎0596-27-0700　伊勢市、鳥羽市、度会郡玉城町、度会町、南伊勢町、志摩市磯部町
（株）アドバンスコープ　☎0595-64-7821　名張市全域、伊賀市一部（旧青山町）
伊賀上野ケーブルテレビ（株）　☎0595-24-2560　伊賀市（青山地区を除く）
（株）ケーブルネット鈴鹿　☎059-388-3311　鈴鹿市
（株）シー・ティー・ワイ　☎059-353-6505　四日市市、いなべ市、桑名市長島町、桑名郡木曽岬町、及び三重郡菰野町
（株）ZTV ☎059-236-5111　三重県尾鷲市、亀山市、熊野市、津市、松阪市（旧嬉野町）、紀宝町、紀北町、御浜町、滋賀県近江八幡市、大津市、草津市、湖南市、高島市（旧朽木村）、長浜市（旧長浜市、旧浅井町、旧西浅井町、旧余呉町）、彦根市、米原市、守山市、野洲市、栗東市、和歌山県新宮市、田辺市（旧本宮町）、串本町、古座川町、太地町、那智勝浦町、日高川町、日高町、広川町、由良町、北山村
松阪ケーブルテレビ・ステーション（株）　☎0598-50-2200　松阪市（旧嬉野町を除く）、大台町、多気町、明和町、大紀町、志摩市（磯部町を除く）
（株）ラッキータウンテレビ　☎0594-24-0001　桑名市 40,000 世帯、東員町 8,000 世帯
松阪市ケーブルシステム　☎0598-46-7120　松阪市全域（自主行政チャンネルの放送エリア）

福井県

丹南ケーブルテレビ（株）　☎0778-21-5040　越前市、鯖江市、越前町
福井ケーブルテレビ（株）　☎0776-20-3377　福井市、池田町
美方ケーブルネットワーク（株）☎0770-32-3400　美浜町、若狭町
（株）嶺南ケーブルネットワーク ☎0770-24-2211　敦賀市全域
おおい町　☎0770-77-9030　おおい町
ケーブルネットワークかみなか　☎0770-45-1111　若狭町の一部
高浜町有線テレビ放送　☎0770-72-1111　高浜町全域
南越前町　☎0778-47-8006　南越前町全域

和歌山県

（株）サイバーリンクス　☎073-448-2518、0739-24-9500（支店）　和歌山県田辺市

滋賀県

環境エンジニアリング（株）　☎0775-46-0303　大津市一部
（株）甲賀ケーブルネットワーク ☎0748-62-6560　水口町、甲南町耕心区
東近江ケーブルネットワーク（株）　☎050-5801-2525　東近江市
木之本ケーブルテレビ　☎0749-82-4111　長浜市の一部（旧木之本町の全域）

京都府

日本ケーブルビジョン（株）　☎075-211-8225　京都市中京区、下京区、上京区、北区、左京区、東山区、右京区一部
洛西ケーブルビジョン（株）　☎075-331-1411　京都市西京区大枝・大原野地域
南丹市情報センター　☎0771-63-1777　南丹市全域
与謝野町有線テレビ　☎0772-43-2378　与謝野町

（株）テレビ小松　☎0761-23-3911　小松市、能美市
七尾市　☎0767-84-0055　七尾市全域
能登町有線テレビ　☎0768-62-1000　能都町全域

富山県

射水ケーブルネットワーク（株）☎0766-82-7320　射水市新湊、大島地区、高岡市牧野、姫野、中曽根地区（放送）／射水市、高岡市牧野、姫野、中曽根地区（ネット）
上婦負ケーブルテレビ（株）　☎076-469-6661　婦中町全域
（株）ケーブルテレビ富山　☎076-444-5555　富山市、舟橋村
高岡ケーブルネットワーク（株）☎0766-26-6900　高岡市
となみ衛星通信テレビ（株）　☎0763-22-7600　砺波市、南砺市
（株）新川インフォメーションセンター　☎0765-23-6110　富山県魚津市全域
能越ケーブルネット（株）　☎0766-74-1166　氷見市、羽咋市、珠洲市、穴水町

岐阜県

（株）インフォメーションネットワーク郡上八幡　☎0575-65-6288　郡上市八幡町一円
（株）大垣ケーブルテレビ　☎0584-82-1200　揖斐郡池田町、安八郡神戸町、海津市、不破郡垂井町、大垣市（一部）、不破郡関ヶ原町
おりべネットワーク（株）　☎0572-24-7733　多治見市、土岐市、瑞浪市
（株）ケーブルテレビ可児　☎0574-63-7211　可児市全域および可児郡御嵩町の一部
シーシーエヌ（株）　☎058-268-2300　岐阜市、北方町、笠松町、羽島市、岐南町、美濃市、本巣市一部、各務原市一部、関市一部、瑞穂市一部
飛騨高山ケーブルネットワーク（株）　☎0577-33-7330　旧高山市、国府町、一之宮町、久々野町、白川村、朝日町、清見町（一部）
（株）アミックスコム　☎0573-20-3252　恵那市
山県市有線テレビ　☎0581-22-6100　山県市全域

静岡県

（株）伊豆急ケーブルネットワーク　☎0557-81-1120　神奈川県湯河原町、静岡県熱海市、伊東市、東伊豆町一部
（株）御前崎ケーブルテレビ　☎0537-86-8882　御前崎市全域
小林テレビ設備（有）　☎0558-22-5232　下田市東西本郷地区、吉佐美地区、浜崎地区（柿崎、須崎）、稲生沢地区（中、東中、西中、高鳥、立野、河内）
下田有線テレビ放送（株）　☎0558-22-2443　下田市１～６丁目、白浜、柿崎、外浦、須崎、大賀茂、西本郷、吉佐美、中、敷根、武ヶ浜、外ヶ岡、蓮台寺、大沢、立野、河内、東中、西中、東本郷
（株）ドリームウェーブ静岡　☎054-347-9811　静岡市
浜松ケーブルテレビ（株）　☎053-458-6170　浜松市一部、袋井市一部、湖西市一部
東伊豆有線テレビ放送（株）　☎0557-95-0859　東伊豆町稲取地区
（株）ビック東海　☎054-254-3781（代）（本社）／☎055-922-4701（CATV 統括本部）　富士市、富士宮市、沼津市、静岡市（旧蒲原町、由比町地区）三島市、裾野市、御殿場市、清水町、長泉町、伊豆の国市、函南町、焼津市、藤枝市、島田市、伊豆市一部、小山町一部
小山町テレビ共聴組合　☎0550-76-4832　小山町の一部

愛知県

（株）アイ・シー・シー　☎0586-76-8131　一宮市
稲沢シーエーティーヴィ（株）　☎0587-24-1234　稲沢市一部（旧稲沢市）
（株）キャッチネットワーク　☎0566-27-2112　刈谷市、碧南市、安城市、高浜市、知立市、西尾市、一色町、吉良町、幡豆町　各全域
グリーンシティケーブルテレビ（株）　☎052-798-6121　名古屋市守山区、尾張旭市、瀬戸市
（株）CAC☎0569-21-0070　半田市・阿久比町全域、武豊町一部
スターキャット・ケーブルネットワーク（株）　☎052-231-2310　名古屋市（中区、東区、中村区、北区、西区、千種区、昭和区、名東区、瑞穂区、天白区、南区、中川区、熱田区、港区）、江南市、岩倉市、北名古屋市、西春日井郡豊山町、および清須市の一部
知多半島ケーブルネットワーク（株）　☎0569-34-5556　常滑市、武豊町、美浜町、南知多町全域

市、茅ヶ崎市、寒川町

山梨県

河口湖有線テレビ放送（有）　☎ 0555-72-1931　南都留郡富士河口湖町
（有）峡西シーエーテーブイ　☎ 055-283-8383　南アルプス市　櫛形地区・若草地区
（株）CATV 富士五湖　☎ 0555-22-1714　富士吉田市
（株）日本ネットワークサービス　☎ 055-251-7111　甲府市など7市3町
（株）ネットワーク下部　☎ 055-273-6541　旧下部町全域
富士川シーエーティヴィ（株）　☎ 0556-22-1777　南巨摩郡富士川町、南アルプス市、甲西地区、市川三郷町黒沢地区　他
北杜市ケーブルテレビ　☎ 0551-42-1111　北杜市高根町全域、大泉町全域、小淵沢町一部

新潟県

（株）エヌ・シィ・ティ　☎ 0258-33-0909　長岡市内、三条市内
（株）佐渡テレビジョン　☎ 0259-61-1212　佐渡市
上越ケーブルビジョン（株）　☎ 025-526-2111　上越市、妙高市
（株）ニューメディア（新潟センター）　☎ 025-280-1200　新潟市中央区・東区・西区・北区、各区の一部地域
糸魚川市有線テレビジョン放送施設　☎ 025-566-3111　能生地域全域
魚沼市（魚沼ケーブルテレビ）　☎ 025-794-6070　魚沼市の一部
佐渡市ケーブルテレビジョン　☎ 0259-51-2030　佐渡市全域
上越市ケーブルテレビ施設　☎ 025-526-5111　上越市三和区、安塚区、吉川区

長野県

あづみ野テレビ（株）☎ 0263-82-7860　安曇野市、松本市（梓川）
（株）飯田ケーブルテレビ　☎ 0265-52-5406　飯田市一部、阿智村一部、喬木村
伊那ケーブルテレビジョン（株）☎ 0265-73-2020　伊那市（旧長谷村を除く）・箕輪町・南箕輪村の全域
（株）インフォメーション・ネットワーク・コミュニティ　☎ 026-233-1713　長野市（旧市部）
（株）上田ケーブルビジョン　☎ 0268-23-1600　上田市、東御市、坂城町、青木村
（株）エコーシティー・駒ヶ岳　☎ 0265-82-4000　駒ヶ根市、飯島町、宮田村、中川村
エルシーブイ（株）　☎ 0266-53-3833　岡谷市、諏訪市、茅野市、塩尻市一部、下諏訪町、辰野町、富士見町、原村
（株）信州ケーブルテレビジョン　☎ 026-272-1660　千曲市
須高ケーブルテレビ（株）　☎ 026-246-1222　須坂市一部、上高井郡小布施町全域、高山村全域
蓼科ケーブルビジョン（株）　☎ 0267-56-3101　立科町、佐久市の一部（望月、協和、茂田井、印内）
（株）テレビ松本ケーブルビジョン　☎ 0263-35-1008　松本市、塩尻市、波田町、山形村
丸子テレビ放送（株）　☎ 0268-43-2111　上田市丸子・武石地区
阿南町　☎ 0260-22-2141　阿南町内全域
飯山市　☎ 0269-62-3111　飯山市全域、新潟県妙高市大字樽本丙の一部
伊那市長谷有線テレビジョン放送施設　☎ 0265-98-3026　伊那市長谷地区一円
川上村ケーブルビジョン　☎ 0267-97-2121（代）　川上村全域、南牧村の一部
北相木村有線テレビ　☎ 0267-77-2111　南佐久郡北相木村全域
テレビ菜の花　☎ 0269-85-3111　野沢温泉村全域
とうみケーブルテレビ　☎ 0268-67-2981　東御市北御牧地区
豊丘村　☎ 0265-35-9052　豊丘村
中野市　☎ 0269-38-3111　豊田地区全域
長野市　☎ 026-224-7506　長野市信州新町、戸隠・鬼無里地区、中条地区
長和町ケーブルテレビ施設　☎ 0268-68-2000　長和町全域
南相木村　☎ 0267-78-2121　南相木村全域、北相木村一部
八ヶ岳高原テレビジョン　☎ 0267-96-2211　南佐久郡南牧村

石川県

（株）あさがおテレビ　☎ 076-274-3333　白山市全域
加賀ケーブルテレビ（株）　☎ 0761-72-8181　加賀市（山中温泉区を除く）
加賀テレビ（株）　☎ 0761-78-3135　加賀市山中温泉の一部

（株）いちはらコミュニティー・ネットワーク・テレビ ☎ 0436-24-0009 市原市一部

（株）ケーブルネットワーク千葉（JCN 千葉） ☎ 043-248-2101 千葉市

（株）広域高速ネット二九六 ☎ 043-497-0296 佐倉市（全域）、四街道市、千葉市花見川区宇那谷町、印旛郡酒々井町、印旛郡栄町、八街市、富里市、東金市、印西市、山武市、山武郡大網白里町、茂原市、成田市、千葉市緑区、千葉市若葉区（各一部）

（株）JCN コアラ葛飾 ☎ 047-309-7000 千葉県松戸市、野田市、流山市、東京都葛飾区

（株）JCN 船橋習志野 ☎ 0120-100-565 船橋市、習志野市、千葉市の一部

（株）千葉ニュータウンセンター ☎ 0476-46-3150 印西市、白井市、船橋市小室町　各一部

成田ケーブルテレビ（株） ☎ 0476-22-1001 成田市、富里市一部

（株）ジェイコム千葉 ☎ 047-723-1000 千葉県浦安市、木更津市、君津市、袖ヶ浦市、富津市、八千代市

東京都

（株）大田ケーブルネットワーク（JCN 大田） ☎ 03-5711-0711 大田区の一部

北ケーブルネットワーク（株） ☎ 03-5390-2100 北区全域

（株）ケーブルテレビ足立（JCN 足立） ☎ 03-5680-8080 足立区

（株）ケーブルテレビジョン東京（JCN みなと新宿） ☎ 03-5563-2031 港区、新宿区の一部

（株）シティテレビ中野（JCN 中野） ☎ 03-5340-5136 中野区

多摩ケーブルネットワーク（株） ☎ 0428-32-1351 青梅市・羽村市・福生市、瑞穂町の一部

（株）多摩テレビ ☎ 042-339-5511 多摩ニュータウン全域、多摩市のほぼ全域及び稲城市の一部

東京ケーブルネットワーク（株） ☎ 03-3814-2600 文京区、荒川区、千代田区

（財）東京ケーブルビジョン ☎ 03-5155-1350 新宿区一部

（株）東京テレポートセンター ☎ 03-5500-0055 江東区･港区･品川区　各一部（臨海副都心地域内）

東京ベイネットワーク（株） ☎ 03-3640-2001 江東区、中央区

豊島ケーブルネットワーク（株） ☎ 03-5951-4400 豊島区全域、板橋区の一部

（株）ジェイコム東京 ☎ 03-5932-8100 東京都練馬区、中央区（THE TOKYO TOWERS）、墨田区、台東区、杉並区、小金井市、国分寺市、府中市、国立市、埼玉県和光市、新座市

八王子テレメディア（株）（JCN 八王子） ☎ 042-642-0260 八王子市、あきる野市・日の出町の各一部

日野ケーブルテレビ（株）（JCN 日野） ☎ 042-511-2629 日野市、八王子市・多摩市の各一部

マイ・テレビ（株）（JCN マイテレビ） ☎ 042-538-0011 立川市、国立市、昭島市、東大和市、武蔵村山市、小平市の一部

（株）南東京ケーブルテレビ ☎ 03-3788-3811 東京都品川区全域

武蔵野三鷹ケーブルテレビ（株）（JCN 武蔵野三鷹） ☎ 0422-76-2201 武蔵野市、三鷹市

（株）ジェイコム関東 ☎ 044-701-4514
東京都板橋区、世田谷区、清瀬市・小平市・西東京市・東久留米市・東村山市、調布市、狛江市、稲城市、町田市／神奈川県川崎市麻生区、多摩区、高津区、横浜市青葉区、相模原市、大和市、秦野市、厚木市／群馬県高崎市、前橋市、渋川市、安中市／千葉 我孫子市、柏市、鎌ヶ谷市、野田市

（株）日本ケーブルテレビジョン ☎ 03-3405-3191 港区・千代田区・中央区・世田谷区・渋谷区・品川区・新宿区・文京区　各一部

神奈川県

厚木伊勢原ケーブルネットワーク（株） ☎ 046-220-2018 厚木市

イッツ・コミュニケーションズ（株） ☎ 045-330-5310 渋谷区、世田谷区、目黒区、大田区、町田市、川崎市宮前区、中原区、高津区、横浜市緑区、青葉区、港北区、都筑区

小田原ケーブルテレビ（株）（JCN 小田原） ☎ 0465-23-7333 小田原市、南足柄市、開成町

（株）鎌倉ケーブルコミュニケーションズ（JCN 鎌倉） ☎ 0467-44-9035（管理部） 鎌倉市、逗子市の一部

（財）ケーブルシティ横浜（本牧地区施設） ☎ 045-682-5370 横浜市中区一部

（株）JCN 横浜 ☎ 0120-4580-35 横浜市金沢区、港南区、栄区、戸塚区

湘南ケーブルネットワーク（株） ☎ 0463-22-1213 平塚市、二宮町、大磯町

YOU テレビ（株） ☎ 045-503-0007 横浜市鶴見区、神奈川区、港北区南部、川崎市川崎区、幸区

横浜ケーブルビジョン（株） ☎ 045-366-0011 横浜市旭区、泉区、保土ヶ谷区、西区

（株）ジェイコム湘南 ☎ 0466-60-7500 横須賀市、葉山町、逗子市（一部）、三浦市、藤沢

由利本荘市 CATV センター ☎ 0184-65-3722 由利本荘市内全域

福島県

伊達市ケーブルテレビ ☎ 024-551-2131 旧伊達町全域
西会津町ケーブルテレビ ☎ 0241-45-4461 西会津町全域

茨城県

(財) 研究学園都市コミュニティケーブルサービス ☎ 029-852-6111 つくば市
(株) JWAY ☎ 0294-22-3080 日立市
日本通信放送（株） ☎ 029-263-5211 ひたちなか市、水戸市、東海村、大洗町、那珂市、茨城町
リバーシティ・ケーブルテレビ（株） ☎ 0280-32-4747 古河市、栗橋町南栗橋
土浦ケーブルテレビ（株）(J:COM 茨城) ☎ 029-824-9082 茨城県土浦市、牛久市、龍ヶ崎市、かすみがうら市、取手市、守谷市、石岡市、つくばみらい市、常総市、阿見町、利根町、美浦村

栃木県

足利ケーブルテレビ（株） ☎ 0284-42-8111 足利市
宇都宮ケーブルテレビ（株） ☎ 028-638-8090 宇都宮市の一部
鹿沼ケーブルテレビ（株） ☎ 0289-63-0005 鹿沼市、(本社)、群馬県（館林）
ケーブルテレビ（株）(栃木ケーブルテレビ / 館林ケーブルテレビ) ☎ 0282-25-1811（本社）、☎ 0276-71-1822（館林） 栃木市、西方町、岩舟町、壬生町、群馬県館林市、板倉町、茨城県結城市
佐野ケーブルテレビ（株） ☎ 0283-21-2121 佐野市（一部を除く）
塩原ケーブルテレビ協同組合 ☎ 0287-32-3275 那須塩原市
テレビ小山放送（株） ☎ 0285-23-2220 小山市全域（一部開局）
真岡ケーブルテレビ（株） ☎ 0285-83-5001 真岡市一部
那珂川町ケーブルテレビ放送センター ☎ 0287-92-1121 那珂川町全域

群馬県

嬬恋ケーブルビジョン（株） ☎ 0279-97-3999 嬬恋村全域、長野原町の一部
上野村ケーブルテレビ施設 ☎ 0274-40-6022 上野村全域
南牧村 ☎ 0274-87-2088 南牧村全域、長野県佐久市臼田の一部

埼玉県

入間ケーブルテレビ（株） ☎ 04-2965-0550 入間市、東京都西多摩郡瑞穂町一部
（株）JCN 埼玉 ☎ 048-258-6610 川口市、戸田市、鳩ヶ谷市
行田ケーブルテレビ（株） ☎ 048-553-2122 行田市一部
熊谷ケーブルテレビ（株） ☎ 048-526-3333 熊谷市一部、深谷市一部
狭山ケーブルテレビ（株） ☎ 04-2956-1118 狭山市全域、川越市（一部）、日高市（一部）
（株）JCN 関東 ☎ 048-638-7300 さいたま市岩槻区、川越市、川口市、加須市、春日部市、草加市、越谷市、桶川市、久喜市、北本市、八潮市、三郷市、蓮田市、坂戸市、幸手市、鶴ヶ島市、日高市、吉川市 、ふじみ野市、三芳町、川島町、鳩山町、宮代町、白岡町、杉戸町、松伏町
秩父ケーブルテレビ（株） ☎ 0494-23-7575 秩父市内（旧市内・影森・大野原・高篠）、横瀬町一部
飯能ケーブルテレビ（株） ☎ 042-974-3611 飯能市一部、日高市一部
本庄ケーブルテレビ（株） ☎ 0495-23-0001 本庄市全域（上仁手地区を除く）
蕨ケーブルビジョン（株） ☎ 048-444-3333 蕨市
（株）ジェイコムさいたま ☎ 048-678-9031 埼玉県さいたま市浦和区、桜区 *、中央区、緑区 *、南区 *（* 一部の地域を除く）、埼玉県上尾市、伊奈町、さいたま市大宮区、北区、西区 *、見沼区 *（* 一部の地域を除く）、志木市、朝霞市 *、富士見市 *、入間郡三芳町 *、ふじみ野市 *、新座市 *（* 一部の地域を除く）、埼玉県所沢市

千葉県

いちかわケーブルネットワーク（株）(JCN 市川) ☎ 0120-11-7971 市川市

全国のケーブルテレビ局（CATV局）一覧表

※都道府県名、事業者名、代表番号、許可エリアの順で明記
出典：『ケーブル年鑑 2011』（2010 年 10 月 15 日発行）サテマガ・ビー・アイ（株）刊

北海道

旭川ケーブルテレビ（株）（ポテト）　☎ 0166-22-0707　旭川市のみ

（株）帯広シティーケーブル　☎ 0155-23-1511　帯広市、音更町

釧路ケーブルテレビ（株）　☎ 0154-24-3320　釧路市内一円、釧路町一部

（株）ジェイコム札幌　☎ 011-857-2890
札幌市中央区、白石区、厚別区、清田区、豊平区、南区、西区、東区、北区（一部）、手稲区（一部）、北広島市西の里北、西の里東、虹ヶ丘

ニューデジタルケーブル（株）（苫小牧ケーブルテレビ）　☎ 0144-73-1901　苫小牧市

（株）ニューメディア（NCV 函館センター）　☎ 0138-34-2525　函館市・七飯町・北斗市の一部

遠軽町　☎ 0158-48-2211　白滝地域全域

泊村有線テレビ　☎ 0135-75-2021　泊村全域

西興部村コミュニケーションネットワーク　☎ 0158-87-2111　西興部村全域

青森県

青森ケーブルテレビ（株）　☎ 017-773-4422　青森市一部

（株）八戸テレビ放送　☎ 0178-24-1111　八戸市、三戸郡南部町（旧福地村）の一部

田子町（財団法人にんにくネットワーク）　☎ 0179-20-7229　田子町

三沢市ケーブルテレビジョン　☎ 0176-51-1255　三沢市全域

山形県

（株）ケーブルテレビ山形　☎ 023-624-5000　山形市中心部、天童市中心部、山辺町一部、上山市一部、寒河江市一部、中山町一部、河北町一部

（株）ニューメディア　☎ 0238-24-2525　米沢市、南陽市、高畠町、川西町

鶴岡市ケーブルテレビジョン　☎ 0235-57-3014　櫛引地域及び朝日地域全域

岩手県

（株）一関ケーブルネットワーク　☎ 0191-21-1256　一関市内

岩手ケーブルテレビジョン（株）　☎ 019-654-7711　盛岡市、滝沢村　各一部

北上ケーブルテレビ（株）　☎ 0197-64-5111　旧北上市全域

三陸ブロードネット（株）　☎ 0193-24-2600　釜石市一部

ニューデジタルケーブル（株）（花巻ケーブルテレビ）☎ 0198-26-1333　花巻市

水沢テレビ（株）　☎ 0197-22-6060　奥州市水沢区、胆沢区　各一部

和賀有線テレビ（株）☎ 0197-72-3766　和賀町全域、江釣子地区（西部）

遠野市（遠野テレビ）☎ 0198-63-1711　遠野市全域

（株）えさしわいわいネット　☎ 0197-31-2288　奥州市江刺区の一部

盛岡市有線テレビジョン放送施設　☎ 019-637-7300　盛岡市都南地区全域

宮城県

気仙沼ケーブルネットワーク（株）　☎ 0226-26-5501　気仙沼市全域（唐桑町、本吉町を除く）

仙台 CATV（株）　☎ 022-225-2211　仙台市中心部、南西部、名取市の一部

ニューデジタルケーブル（株）（大崎ケーブルテレビ）☎ 0229-22-6556　大崎市

宮城ケーブルテレビ（株）　☎ 022-367-7711　塩釜市及び多賀城市、利府町、七ケ浜町、大郷町、松島町の一部

宮城ネットワーク（株）（J:COM 仙台キャベツ）　☎ 022-220-1000　宮城県仙台市青葉区、泉区、宮城野区、若林区、富谷町、大和町の各一部

秋田県

（株）秋田ケーブルテレビ　☎ 018-865-5141　秋田市

ニューデジタルケーブル（株）（大館ケーブルテレビ）　☎ 0186-44-6020　大館市

著者紹介

玉木　貴（たまき　たかし）

市民防災ラボ代表、静岡県ふじのくに防災士。1970 年長野県生まれ、神奈川県出身。1990 年、自らの水害被災経験をきっかけに、市民防災全般の研究を開始。阪神淡路大震災、新潟県中越地震、東日本大震災など、災害時には、被災地で調査・支援活動を行いつつ、平時は、実体験からの教訓に基づいた防災提案・普及啓発活動を続ける。2002 年に開設した『防災グッズ体験レポート』は、月間 100 万ページビューを集める人気サイトに。テレビ、ラジオ、新聞、雑誌などで幅広く活躍中。著書に『災害発生から生活再建まで　被災生活ハンドブック』（本の泉社）、『体験版　わが家の防災－本当に役立つ防災グッズ体験レポート』『実践わが家の防災 Part2』（ともに駒草出版）など。

●ウェブサイト
URL http://bosailabo.jp/

●ＪＣＮ系列の情報番組『大人の学校』とは
“健康で、オシャレに、心豊かな人生を送ること”をテーマにあらゆるジャンルの講師を招き、視聴者と一緒に“楽しく勉強する”大人の為の情報番組。著者、玉木貴氏を講師に「わが家と地域の防災（危機管理シリーズ）」は、2009 年 7 月から放送、自治体や町内会防災組織から好評を博す。HP「 JCN 」「大人の学校」で検索

STAFF
●カバーイラスト
　古賀鈴鳴（studio zebra）

●本文イラスト
　ユカリンゴ

●協力
　ＪＣＮ（ジャパンケーブルネット株式会社）

●ＤＴＰ
　ハッシィ

必要《ひつよう》な備《そな》えは人《ひと》それぞれ!

［地震《じしん》］わが家《や》のお助《たす》けノート 書《か》き込《こ》み式《しき》

2011年9月20日　第1刷

著　者　玉《たま》木《き》 貴《たかし》

発行者　小澤源太郎

責任編集　株式会社プライム涌光

電話　編集部　03(3203)2850

発行所　株式会社青春出版社

東京都新宿区若松町12番1号〒162-0056

振替番号　00190-7-98602

電話　営業部　03(3207)1916

印刷　大日本印刷　製本　フォーネット社

万一、落丁、乱丁がありました節は、お取りかえします。

ISBN978-4-413-11030-3 C0070